「モリ」地名と金属伝承

―続・日本山岳伝承の謎―

谷有二

未來社

「モリ」地名と金属伝承　目次

――続・日本山岳伝承の謎――

第一部　「モリ」地名の謎を追う

第二部　金属伝承を追って

第一部　「モリ」地名の謎を追う

1　清少納言の悲鳴

『枕草子』の二〇七段で、清少納言は悲鳴をあげる。

「森は、うえ木の森。岩田の森。木枯の森。うたた寝の森。岩瀬の森。大荒木の森。たれその森。くるべきの森。立ち聞きの森。よこたての森といふが耳にとまるこそあやしけれ。森などといふべくもあらず、ただ、一木あるを何事につけけむ」

写真1　清少納言

私は平安朝の風を感じた。人の口にのぼる森を数えあげていた清少納言が、よこたての森に目を止めて、「あそこはたった一本の木があるだけじゃない。それがなんで森なの」と首を傾けた。才媛の美女がいきなり身近に迫ってきたのであ

写真2　一本の森

る。彼女と同じ時代の人は、一本の木は「木」で、それを基準にして「林」があり、もっとたくさん繁っていたら「森」だという、現代の我々と同じ考えをもっていたようだ。確かに現代でも「モリ木」と称して、伐ると災いをおこす一本の木が存在する話は聞いたことがある。

それはともかく、私が彼女の悲鳴に喝采を送ったのは、「山」であるにもかかわらず○○森と名付けられた山が全国に散らばっており、特に東北地方に集中して、四国地方がそれに継いでいる。私は登山が好きだから「山だのになぜ森と呼ぶのか」と、かねがね疑問を抱いていたからである。彼女はみかさ山、おぐら山、ゆずるはの峰などは見ているが、森の付く山を見たら「○○

森といふが耳にとまるこそあやしけれ。森などといふべくもあらず、ただ、山あるを、なにごとにつけけむ」と悲鳴を上げてくれたに違いない。残念ながら当時の京の都の周辺には、接尾に森の付く山は見あたらなかったようだ。もっとも現在でもそうだが。

森は「山の森」だけでなく、お宮さんの「鎮守の森」もたくさんあって、この方は「杜」の漢字を遣ってモリと読んでいる。とくに最近は綺麗な水、綺麗な空気を育くんでくれる「森林」の環境破壊が叫ばれて、世界的な保全運動がくり広げられている。はたして、これらの「森」と彼女が悲鳴を上げた一本の「森」或いは、山名の接尾としての「森」は同じ性格なのだろうか。

清少納言と同じ時代に生きた人のほとんどは、現代の我々と同じように漢字は「森」でも「杜」でもよく、たくさんの樹木が繁った状態のモリにこだわっているらしい。そうするとモリの答えは、もっと昔にあって、既に平安時代にはわからなくなっていたのではあるまいか。この才媛の直感には何か不気味な奥深さがあるような気がしてならない。『万葉集』では神社をモリと読んでいるように「何が故にしかりしか」、疑問が雲のように湧きだして来た。清少納言のことについては、平安時代中期の随筆家、歌人くらいしかわからず生没年も不明である。それはともかく『枕草子』の二〇七段に挙げている森のうち、大荒木の森や岩田の森は『万葉集』にも出て来るので、彼女の時代より数百年の昔から有名だったようだ。森の認識も同じだったらしい。参考までに往時の大荒木の森、岩田の森のたたずまいに触れてみよう。モリに関する漢字遣いだけは、橘千陰の『万葉集略解』によった。

かくしてや　なほやなりなむ　大荒木の

浮田の杜の　票《しめ》ならなくに（巻十一、下）

山科の　岩田の社に踏越えば　蓋し我妹に
直に逢はむかも（巻九）

おもはぬを　おもふといはば　大野なる
三笠の杜の　神し知らさむ（巻二）

注連縄を厳かに張った聖域のたたずまいが偲ばれる。では、神社をモリと詠んでいる例をあげる。

哭澤の　神社《モリ》に神酒すえ　祈れども
わが大君は高日知らしぬ（巻二）

木弥《ゆふ》懸けて　斎くこの神社《モリ》　超えぬべく
思ほゆるかも　恋の繁に（巻七）

神社をモリと読ませる例は少ない。『出雲風土記』は、「社」をヤシロと読んでいる。『万葉集』の方は、「社」をヤシロと読んだり、モリと読んだりしている。

朝なさな　我が見る柳　鶯の
来居て鳴くべく　森に早やなれ（巻十）

この歌によれば、森は明らかに樹木の繁った森である。まだ、この程度の例では何とも言えないが『万葉集略解』では、神域である杜・社・神社をモリと読み、普通の樹木には森の漢字を用いている。これは現代でもおなじだ。

私が、清少納言に出会う前から、森に疑問を抱いていたのは、登山が好きだからというだけではなく、生まれ故郷である愛媛県宇和島市には、串ガ森、泉ガ森、譲ガ葉森だとかいう、立派な山がたくさんあった。「どうして山だのに森というのか」と子供心にも不思議に思えた。それだけではなく地図を開いて見ると、東北地方の青森、岩手、秋田、宮城県には四国の愛媛県、高知県地方などとは比較にならないくらい、無数に森のつく山があることに気が付いた。また、山だけではなく、ところによっては墓場をモリと呼ぶところがあるという話も聞くようになった。

あるとき、奈良の若草山の隣にある飯盛山は、奈良時代には飯守山につづられていることを知った。どうも、モリの発音があって色々な漢字の用法が考えられたふしがある。ひょっとしたら、白虎隊が自刃した会津の飯盛山の「盛」も、東北地方に多い「森」の山ではないのか、そのあたりに何か大きな謎が潜んでいるような気がする。しかし、「モリ」の語源は、盛り上がるから来たものだから、山の「森」は盛り上がる形状を示していると主張する人もいる。しかし、私が見てきた「森の山」は高くて奥深く、とても盛り上がる程度の表現では答えにならない。だから、

写真3　子供の頃から見ていた森、「泉が森」（撮影・西村春海氏）

子供心にも不思議に思えたのである。こんな時、江戸時代の藤井貞幹という学者が「ものごとの起源がわからない時は、漢字を外して音で考えよ」と言った言葉が脳裏をかすめた。音で考えるというのは森ではなくて、モリで考えるということだ。

様々な語源説

現代でもモリの語源についてはさまざま意見がある。まず、この時点で目についたものを並べて見る。直接に一本のモリについての答えはないので、手当たりしだいにモリを追って見た。椈倉森だとか、泉ガ森のような山の名前の接尾としての、モリに対する見解しかない。けれども清少納言の問いかけ「一本のモリ」は、山のモリから考えて行ったら、答えがあぶりだされてくるかも知れない。

『世界山岳百科辞典』（山と溪谷社）では、「モリ（古語）は、本来〈森〉の意味ではなく、盛り上がったの意味で、ドーム状の山にこの山名が付されている」と定義してある。この〈盛り上がる〉説は有力だ。柳田国男も『塚と森の話』で「土を築くから〈ツカ〉というのと同様に、土を盛るから〈モリ〉ともいひ得るのである」と説く。

アイヌ語説によるとmo・ri（小さな・山）で、これだけなら「盛り上がる」説と似たようなものだが、山田秀三の『アイヌ語地名の研究』（草風館）によれば、知里真志保説もあわせてmo・iwa（山）が、モリの原型で、普通の山ではなくて神霊の山で北海道全域に分布していたという。

さらに朝鮮語説によれば、頭をいうmori（모리）が伝播したもので、現在の日本語でも高い場所を○○ノ頭というが如し。朝鮮語では山をmoi（뫼）とも称した。ただ、moiは朝鮮語で墓場の意味もある。韓国で一九九六年に刊行された『日本古代地名辞典』（釜山大名誉教授・李炳銑）は、古代朝鮮語で山をmoriといったものが、現代日本語の平地の森に変化してしまったと説いている。moiに関して韓国の友人、啓明文化大の鄭粲鐘博士に意見を聞いてみたところ、moriが日本の森になったかどうかは知らないが、moiは朝鮮古語で山だ。墓場の意味もある。現在でも死者に食物を捧げる仏器をmoiというそうだ。

以上を総合的に解説したものに、山中襄太著『地名語源辞典』があり、非常に詳しいから出来るだけ原文でいれておく。

モリ【地名用語】、ムレ、ムロ、モロ、モリは同源同義の語で、本来は（山）の意である。モリのつく山は東北地方に特に多い。その他にも所々にある。朝鮮の古語で山をmaruと言ったが、mureとなり現代ではmoriとかmoiとか言い、済州島では（ひとつだけ離れた山）

をｍａｒｕと言って旨の字を宛てている。東北地方での方言のモリは（ひとつだけ離れた岡）のことで、「〇〇森」という山は円形で、大小高低の区別はない。〈アイヌ語説をあげて〉、モリがアイヌ語なら、北海道にもたくさんの「山名」があるはずだと鏡味完二氏は言う。松尾俊郎氏はいう。森は古くは神社所在地または神社そのもの、万葉集に神社をモリと読む例がある。杜（モリ）という字は「社木」の二字を略して合わせた文字。森のつく地名は神社を意味することが多く、森は宮、森戸（森処）は宮地、宮居、宮内、大森は大宮、森山（守山）は宮山、森脇は宮脇の意。以上で『地名語源辞典』、山中襄太の解説は終わる。

　諸説を見ると、モリは地形的な「盛り上がる」説。森は神社そのもの説が有力だが、いくつかの共通点が浮かんでくる。一つは「神社の森は神聖なもの」。アイヌ語のモリの解釈の中にある「神霊」の意味。朝鮮語のモイ（뫼）に含まれる「墓場」の意味。俗にいわれる「モリ木」は傷つけてはならないという禁忌。モリを墓場という例。つまり、副次的にではあるが「神聖な」「墓場」「禁断」の意味が重なってくる。モリは朝鮮語のモリも含めて深淵を漂っている。なにしろ、スサノウが高天原から下った場所が『日本書紀』では、新羅の曽尸茂梨《ソシモリ》なのである。モリの謎は日本列島と朝鮮半島も含めて、現地を踏んで考えて見なければならない。現代の朝鮮半島は南北に分断され、大韓民国と朝鮮民主主義人民共和国の二つの国があるが、この本では朝鮮半島の言語として「朝鮮語」の表記を使用する。

2　哭澤《なきさわ》の神社《モリ》を訪ねる

モリの謎を追っている間に、ある風景を思い出した。明治も末の頃、時の政府は町村合併を急ぐあまり、神社も一行政村に一社として、無数にある小社を合祀してしまうやりかたをとった。これを知った民俗学者の南方熊楠は、鎮守の森の存在で明らかなように、神社と森は切り離せないから、神社がなくなったら森も消滅してしまう。そうすると鳥類も絶滅して害虫がふえることになると猛反対して逮捕されたことがあった。この明治政府の方針は、神道の国家宗教化政策への一環であった。

考えて見れば、たしかに神社には森がつきものだ。『万葉集』が神社をモリと詠んでいることを思えば、森は古代から神道にかかわりがあったとも考えられる。身近にたくさんの鎮守の杜があるが、何はともあれ、『万葉集』に歌われた哭澤の神社《モリ》に行ってモリの実感を味わって見なくてはならない。哭澤という奇妙な文字のせいで、この歌が常に頭の隅に引っ掛かっていたのだが、勉強不足でどこにあるのかさえわからない。『日本文化民俗資料集成』に掲載された随筆を見ていたら、「現在も桜井市に鎮座する哭澤神社」という一文に出会った。桜井市文化財課に『万葉集』に出ている哭澤神社はどこにありますか」と問い合せたら、色々と捜してくれたが「市史にはそういう神社はありません」という。『万葉集』を持ち出したら一発回答だろうと思ったのに意外だった。再度、図書館に行って、『日本の神々』（白水社）の大和篇を繰ってみたら哭澤神社

写真4　天の香久山(左)から延びる尾根の末端(右)が哭澤の神を祀る、畝尾都多本神社の杜

の名称では出てないが、「橿原市木の本宮の脇にある畝尾都多本神社は、啼澤女を祭神としている」と書いてあった。どうやら香具山の西麓に鎮座しているらしい。哭澤が神社名でなく隣の橿原市にあるとしたら桜井市ではわからないはずだ。

哭澤の神社《モリ》に行く

一九九八年一〇月、橿原考古学博物館に埴輪に刻まれた「天の鳥船」の取材に訪れたその足で、駅前に一泊して翌日早く歩き始めた。畝傍山を御神体とする、壮大な森に囲まれた橿原神宮の風景に見とれながら、地図をたよりに都多本神社へと向かう。実によく晴れた日だった。リュックサックに入った『古事記』『日本書紀』の参考書が重たい。目印は香具山だからそれに向かってドンドン歩けばよい。藤原宮朱雀大路跡を通って一時間も歩いただろうか。藤原宮展示室に行き当たった。当日は休館日で人影はない。見ると隣に都多本神社の表示があるではないか。胸がときめいた。神社は小さな森の中である。『日本の神々』によると、玉垣に囲まれているのは本殿ではなくて、空井戸を御神体のように祀ってあるのだそうだ。哭くのは涙だから水に関係があるのだろう。境内の碑には祭神は『古事記・上巻』に出て来る啼澤女の神だと刻んであった。その場で、改めて『古事記・神代上巻』を繰って見ると、イザナミは火の神カグツチを生んだために死んでしまう。夫のイザナギは「美しき我が妻の命を、一人の子供のいのちと引き替えてしまった」と哭いて、こぼした涙が啼澤女の神になり、香具山の畝尾の木の下に鎮座したとある。次に『日本書紀』をひもとくと、一書にいうとして六種類の話が載せられ、啼澤女の話は第六書にしか出て来ない。イザナギが「子供ひとりと我が愛妻をとり替えてしまった」と涙をこぼした後、怨みに思ってカグツチをバラバラに切ってしまうのである。

いずれにしてもこの話は怨みが主題になっている。『万葉集』に詠まれた「哭澤の神社《モリ》」の歌も、高市王子の死を悼んだ柿本人麿呂の長歌に付された反歌として、日隈女王が啼澤神社を怨んで詠んだ歌であると、ややこしいことが書いてある。

暑いほどの日差しを避けて、今では小さくなってしまった哭澤のモリの中で、『日本書紀』を漫然と読む。第四書にはイザナミがカグツチを生もうとして熱に悩まされ、吐いたものが金山彦になった。次に「小便マル」、「大便マル」の表現に出くわした。現代でも信州や愛知の知人が「糞マッってくる」というのを聞いたことがある。この「マル」は「ひる・放つ」を表すもので、朝鮮語でも「もよおす」は（마렵다《マリョプタ》）で、実際に使用する場合の活用は（마려우《マリョウ》）になるので、日朝両国語は近い。つまり、現代でも言語は変わらずに残っている。あらぬことからモリにも朝

鮮語説があることを思い出した。
藤原宮展示室の後をまわって背後から哭澤の森に接近しようとしたら、畝尾坐健土安神社の森にぶつかった。二つの神社の森はつながっている。耳成山の方向に一キロほど歩いて全体像を見ると、二つの神社は香具山の尾根の裾にある。樹木が多かった昔は尾根つづきに見えたはずだ。畝尾は「うねのように盛り上がった尾根」と考えれば、その意味が生きてくる。畦《うね》、背根《そね》は尾根と同系をいっているのだろう。結局、この日は畝傍、香具山、耳成山に正三角形の二辺を歩いたので、当時の人口三万ほどだったといわれる藤原京の広さが実感出来た。啼澤女の神は藤原京の中心にあたる大極殿から八〇〇メートルくらいの距離だから、参拝の人も多かったことだろう。

杜の漢字にこだわる

『枕草子』の中で、清少納言があげた大荒木の浮田の杜は、平安中期の彼女の時代より、一〇〇〇年以上もたった鎌倉時代の『新古今和歌集』にも登場する。

大荒木の　もりの木の間をもりかねて
人だのめなる秋の夜の月

万葉時代からくらべれば、グッと砕けて森のモリと、摘むの意味があるモリを引っ掛けた月見の歌になっている。奈良県五条市にある荒木神社の浮田の杜は、昭和三十二年に県の史蹟に指定されて、歴史はゆうに千年を数える杜である。ここで気になるのは杜の漢字である。木と社を併せて略した合理的な神社のモリということだが、『大漢和辞典』における中国伝来の漢字の「杜」の発音は、「ト」で、意味は「とざす」である。モリとは発音しない。「森」も「シン」としか読めず、「厳か」の意味がある。ひょっとして杜と森を併せて「厳かな禁断の地」を意味するものではないのか。神社というのは、とかくそのような場所でなくてはならない。

東大寺の寺域が定められた天平勝宝八年（七五六）に描かれ、正倉院に保存されている「東大寺山堺四至図」では、回廊に取り囲まれた大仏殿の南東に六〇メートル四方の松の木が繁った部分が「神地」とかかれている。当時は東大寺の寺域として、神社の建造物はなかったが、木が繁ったモリであることから、後になって、この部分に重要な神社が造営されたのではあるまいか。現在に比定すると、この位置は回廊に囲まれた春日大社の本殿にあたるという。要するに、聖地の原点は建物のない杜《モリ》であった可能性がある。だとしたら、漢音の「ト」「シン」の意味はわかるが、モリの発音はどこから来たのだろう。

同じ図面にモリの発音が出てくる。東大寺の北堺にある飯守峰である。これは今日の若草山の近くにある飯盛山（二二八メートル）で、この例からして当時はモリの文字は一定してなかったようだ。今日に近づくほど「飯を盛った」という感覚が強くなって飯盛山になるが、盛の意味は全然違うおそれがある。例えば朝鮮語説がいうように、moriが山だとしたらイイが語根で、「モリ」が接尾の山だ。それにもう一ツ日本語の「山」がダブって付けられたことになる。

そのダブリは朝鮮語の特徴だ。古代朝鮮語では山はmori머리で、それが日本に伝わって平地の森にずれたのだといっているが、そのmoriはmoi뫼に変化して墓の意味をもつ。それが現代朝鮮語でも生きていて、山をmoi・san（뫼산《モイサン》）と一の単語として扱う。それはmo iが朝鮮訓で、san（山）は漢音だからで、音訓を重ねて詠むのが朝鮮語の特徴だ。それはさておき、さきほどは杜の文字にこだわったので、今度は社の文字にもこだわってみよう。社は古代中国では土地の神を祀る場所だ。「社」シャが漢音で、ヤシロは社に拝殿が建てられるようになってから出来た日本訓だと思われる。古代中国、つまり春秋時代までは精神生活の中心は祖霊信仰で、同じ先祖から別れた多くの家族が祖霊を敬って暮らしていた。これが漢の時代になると血縁的結びつきから、同じ地域にすむ地縁的な結びつきが強くなって、その区画が里と呼ばれる。この里の人達を結びつけるのが里社で、それぞれに木が植えられ、それを囲んで春と秋に皆が集まって宴会を開く。荘子は「祭りに社あり」といっている。里社に植えられる木は一種類で柏の木を植えれば柏社と呼ばれた。まさに鎮守の杜だ。それを囲む春秋二回の祭りは、恐らく男女が恋を語らう歌垣だろう。これは日本の神社信仰と非常によく似ている。この形態が日本でも早くから浸透しており、仏教が進出してくるに及んで、「仏の道」に対して、「神の道」が標榜されるようになる。しかし、神道が純粋に日本の原点であるかどうかは問題が残る。日本の神社信仰が中国の影響を受けたものであったとしたら、神社にはモリが付き物だというのは、そのあたりに起源があるのかも知れない。

朝鮮で始まった神宮

ところで、『万葉集』は社の漢字をコソと読ませている。例えば、「惜社泣」は（おしみこそ泣け）と読む。どうしてそんな読み方があるのかと言えば、コソは朝鮮語なのである。本来、このコソは日本の神社の名前に使われて、比売許曾《コソ》神社、大許曾神社、小許曾神社などたくさんあるが、コソがつくのはみんな朝鮮から渡って来た神様で、許曾そのものが神社の意味になる。許曾神社と表記した場合は、朝鮮の宗廟＋日本の神社のことで、要するに神社を二つ重ねた意味になる。コソは新羅の初代の王である朴赫居世《パクヒャッコセ》の「居曾」で尊称にあたる。彼が死んで神宮に祭られる。「エッ、神宮は日本の専門じゃないの」と驚くなかれ、まず朝鮮に現われたのは事実である。発音はシングンである。この神宮の成立については、朝鮮側の『三国史記』によると、紀元六年に赫居世が死ぬと始祖廟（宗廟）に祀られ、四八七年に「神宮」になる。その頃はまだ、日本には神宮というものはない。その後に仏教の力が強くなって、朝鮮では神宮が消えてしまうが、日本に移動して生き残るのである。

ここに揚げたのは、一九八八年七月一六日の『東亜日報』の記事である。慶州北道の蔚珍《ウルチン》で新しく発掘された、新羅の法興王碑文の判読において「宗廟（神宮）で先王からの教旨を受ける」部分で、この五二四年当時は宗廟＝神宮であるという説明をしている。村社《ムラコソ》さん、大社さんの苗字が日本に延々と残っているということは、神社も朝鮮半島から持ち込まれた可能性は強い。当時の圧倒的な渡来人の影響力からしてもうなずける。村社さんといえば一九三六年のベルリン・オリンピックで陸上五千、一万メートルでともに四位入賞を果たし、「和製人間機関車」の異名をとった村社講平さんを思い出す。

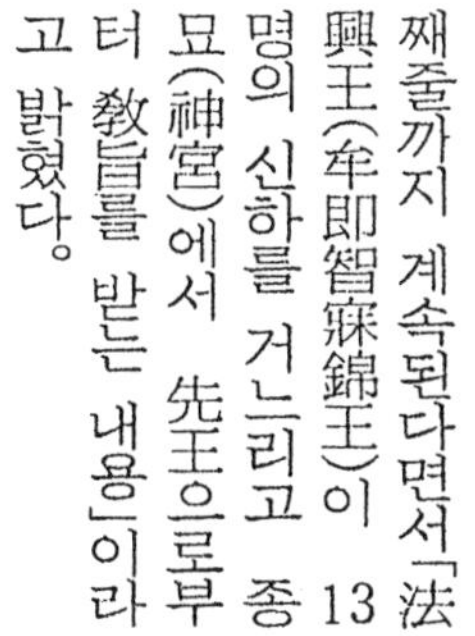
째줄까지 계속된다면서「法興王(牟即智寐錦王)이 13명의 신하를 거느리고 종묘(神宮)에서 先王으로부터 教旨를 받는 내용」이라고 밝혔다。

図1　神宮の文字（その意味を説明する東亜日報）

3　モリの権現に登る

ところで、前の項で「杜」と「社」の漢字にこだわったので、「寺」の漢字にも触れなければならない。元来、中国では寺（ジ）は役所のことを指していたが、後に仏教寺院を指す言葉に変わり、日本には仏教にかかわる言葉として伝えられた。『日本書紀』の推古天皇二年（五九四）の条に、仏教興隆の有様として「仏舎を競って造る。これ即ち寺（てら）と謂ふ」が最初にあらわれる。はじめは仏像を安置する場所であったものが、奈良時代後半から、僧侶の学問修業をするところに変化していったらしい。和訓のテラの読みについて、本居宣長は『玉勝間』の中で、「寺（テラ）、評（コホリ）などのたぐいは、まことに韓語をとれるなり」と言っている。寺の朝鮮語はチョルである。宣長はチョル（절）が日本に入ってテラに変化したと言っているらしい。平行してあげられた評は、朝鮮語では大（コ）・村（ポル）で、これが日本では孝徳天皇大化二年紀に「凡そ、郡（コホリ）は四〇里を以て大郡と為す」とある。江戸時代までは郡はグンではなくて「コホリ」と発音されていた。この例からしても、テラの読みが朝鮮語から出た可能性は大きい。「社」のところで、社の訓読みに朝鮮語のコソが入っている話をしたが、モリの語源説に二次的に「神聖な」と「墓場」の意味が共通するように、社と寺にも二次的には朝鮮語がかかわっていることになる。

寺は朝鮮語か

写真5　モリの権現

森の権現

イギリスの外交官アーネスト・サトウに登場願わなくてはならない。明治維新を迎える二年前、つまり慶応二年一一月三〇日（一八六七・一）のことである。イギリス軍艦アーガス号に乗ったサトウは、公使パークスの新年状を携えて宇和島藩主・伊達宗城を訪問した。その時の印象をサトウは、『一外交官の見た明治維新』の中で次のように語っている。「美しい湾が、ほとんど陸に取り巻かれており、二〇〇〇フィートまでの高低さまざまな山に囲まれていた。町の東側のすぐ後に、鬼ガ城、すなわち悪魔の城の山として有名な、高い峰がそびえたっている……」（坂田精一訳）。この後サトウの目は鬼ガ城の隣に、ひときわ秀麗にそびえる権現森に注がれたのである。この権現森（九五二メートル）は現在では権現山と呼ばれている。この悪魔の城に抱き抱えられたような宇和島市が私の生まれ故郷であり、この権現

山こそが、子供の頃から「山だのに、なぜ森と呼ばれるのか」の疑問を抱くきっかけになったところだ。江戸時代の地図には権現森、古老の話によると「森の権現」と呼ばれたという。特に森が強調されていることに興味が引かれる。権現山、権現森の呼び方が並列する用法から、この「森」は、山ということになる。たとえば大森山と記載される場合は、本来は大森であって、接尾の森と山は重複していると考えられる。大峰山、御岳山なども同じで、日本橋ブリッジ、琵琶湖レイクと同じような表現だ。「古代朝鮮語では山をモリ（머리）といって、それが日本に伝播して、いつのまにか平地の森にずれてしまった」という説が思いおこされる。山には木が繁るから森でもある。

「守れ権現」という唄がある。

守れ権現夜明けよ霧よ
山は命の禊場所
行けよ荒くれどんどと登れ
夏は男の度胸　だめし

この曲は、北原白秋の詩が中山晋平のメロディーに乗って、昭和初期から今日まで「山の唄」として歌い継がれている。修験道が盛んだった日本の昔の登山をよく表わしている。「男の禊場所」だった山も、女人禁制がだんだんと狭められ、最後に残された大峰山でも廃止するかどうかで揉めているという。『日本山名総覧』（武内正著・白山書房）によると、権現山と呼ばれる山は二万五千分の一図から拾うと、日本全国で八一箇所あって、四番目に多い山だそうである。苗字でいえば鈴木さんのようなものだ。ちなみに全国で一番多い山は城山で二七六、二番目が丸山で一五八、三番目が愛宕山で一一一箇所だそうだ。

権現の「権」は仮という意味で、「本地垂迹説」でいえば、世の中すべての根源は仏で、その仏が民衆を救うために、一時、日本固有の神の姿に身を変えて出現する。つまり神仏混合である。明治維新における神道の国家宗教化によって神仏分離令が出された結果、何が祀られていたのかわけがわからなくなってしまった例が多い。宇和島の権現山から、高知県境の山々を見渡せば、横の森、小屋ガ森、串ガ森、長者森、かぐい森、譲ガ葉森、瀬戸黒森など一〇〇〇メートル級の人跡も稀な山々が点々と連なる山域があって、篠山権現という信仰の山につながっている。これらの山々はとてものことに「盛り上がる」説では考えられない。子供心に森がつく山は恐ろしい山だという感じを抱いた記憶がある。それこそ、杜の「閉じる」、森の「ゾッとする」の意味を併せた禁断の地の実感がある。

この現代の権現山こと、昔の「森の権現」は、記録によると江戸時代の始め頃から修験の山として山伏が登ったが、秀麗な山容を考えるとき、山そのものが信仰の対象として遥か昔から敬われていたと考えざるを得ない。「森」の呼称は一ヶ所から多方へ伝播した可能性があり、「森」のつく山にはみな権現様が祀られていたのかも知れない。時代と共に、単純に山は森と呼ぶものだとの観念で、慣習的に接尾詞として「モリ」が広がっていった可能性もある。

宇和島市から一〇〇キロほど東に行った伊予の高根、石鎚山（一九九二メートル）は、歴史的にいっても最古に属する信仰の山である。『万葉集』では、山部赤人が「島山の宜しき国と凝しかも伊予の高根」と讃え、平安朝末期の『梁塵秘抄』にも、「聖《ひじり》の住処は、大峰、葛城、石の鎚、箕面や勝尾や書写の山、南は熊野、那智新宮」と、石鎚山が登場している。伝えられるところによれば石鎚山の蔵王権現は、最初は同じ山塊の瓶《かめ》ガ森（一八九六メートル）に祀られ、天長五年（八二八）に最高峰の弥峰《みせん》に遷されたといわれる。その証拠には瓶ガ森には古権現の呼称がある。これは、蔵王権現が瓶ガ森に祀られたのではなく、権現が祀られたから「瓶ガモリ」とモリが付けられた可能性がある。石鎚山系には二の森、黒森、堂ガ森など「モリ」を接尾にもつ山が点々とあって。子供心に「森」を意識したように、四国地方は東北地方に次いで森の山の多い地方である。

写真6　現在の船霊大明神（提供・浜田雄宏氏）

海上のモリ

故郷で感じたものはまだある。瀬戸内海を走る船の帆柱の付け根を「モリ」とよぶ。海のモリだ。最近では呼ばなくなったが、昔はどの船も「モリ」をもっていたそうだ。人に聞いた記憶では、帆柱を頑丈に固定することを「モリ」というと聞いたが、『愛媛の文化』（愛媛文化保存会）を読んで、固定するは誤解で、船霊様を祀る場所だから「モリ」と呼ぶのだとわかった。これまで垂直のベクトルの「モリ」ばかりを追い掛けていたが、水平のベクトルをもった「モリ」が出て来て驚いた。愛媛県庁の漁港課に勤める友人に、

「モリ」の痕跡を捜して写真に写して欲しいと頼んだ。その結果、「既に、現在ではモリの言葉はすたれてしまい、船霊《ふなだま》が祀られる位置も船橋《ブリッヂ》に移されてしまった」と、現代の船霊様の写真が届けられた。

それと同時に、『民間信仰辞典』（東京堂出版）を見て、船霊を「モリ」と呼ぶのは、何も瀬戸内だけではなくて全国的な信仰であったことがわかった。そうすると『万葉集』が神社のことを「モリ」と詠んでいることや、鎮守の「杜」も同一線上にあることになる。

4　セブンシスターズの森

森は神が降る山

日本地図を開いて森のつく山を捜すと東北地方の分布が異常なまでに高い。「末尾一八、〇〇〇の山をコンピューターで網羅した『日本山名総覧』で、「末尾に山、岳、森、峰がつく山」の全国比率（二万五千分の一図には、接尾に森を持つ山が六六一記載されている。これを100として各県の比率をはじく）を見ると、最も高いのが秋田県で約二五・八六％、次が岩手県の二四・九六％、以下、青森県一四・二二％、宮城県九・八三％、山形県六・〇五％、福島県三・九三％である。これに対して四国地方の愛媛県、高知県が共に七・二六％になっている。後は一％を越えるのが北海道と沖縄県くらいだ。この比率がなにを表わすのかは今のところわからない。岩手県と秋田県にまたがる八幡平付近の登山地図をひろげて見ると、源太森、栂森、黒石森、大黒森、丸森、険阻森、三階森、棚白森、石明神森、八瀬森、関東森な

写真7　仙台の七ツ森（撮影・深野稔生氏）

どが続々と登場する。

宇和島市の「モリの権現」を訪れた私は、フト、宮城県の仙台市を思い出した。というのも、その昔、大阪城の豊臣氏が滅んだ後、独眼竜・伊達政宗の仙台藩が、これ以上に大きくなることを嫌った徳川家康は、政宗に与える恩賞を庶長子の秀宗の功績にすり替えて、僻遠の地である宇和島十万石に封じた。それ以来、宇和島には独特な伊達文化が花開く。そこで、東北の親類の町に「モリ」に関する突破口を求めて仙台にむかった。仙台の町から隣の大和町の「七ツ森」こと、セブンシスターズの森が望める。明治の頃、仙台に住んだ外国人が七つ並んだ山を兄弟に見立てて、セブンシスターズのニックネームを贈ったのだそうである。古い仙台の狂歌も、「人ならば　はらからなれや　並びたてる七ツ森てふ山の姿は」と詠んでいる。

七ツ森も今では、接尾は「森」ではなくて山と呼ばれている。東から笹倉山を筆頭に尖倉山、鎌倉山、蜂倉山、大倉山、撫倉山、松倉山と独立峰が並び、地元では頭文字を一つずつ並べて「トカハオナマサ」殿と呼んで親しんでいる。一名を大森山ともいう笹倉山の五〇六メートルを最高に、蜂倉山が二八〇メートルで一番低く、総称して七ッ森である。明治三〇年生まれの三原良吉氏は、その著『仙台郷土史夜話』の中で七ッ森に触れ、「例え低くとも山なのに森というのは、古語で神を迎える山を意味し、仙台周辺だけでもウドが森、権現森、亀ヶ森があるように東北地方に多い地名である」と証言している。七峰全部に付く倉は岩の意味であり、みなトロイデ型火山で、噴火によって山上に押し上げられた水成岩の餅岩が、神の斎く岩座をなしている。七峰それぞれに薬師如来の石仏が安置され、江戸時代中期の宝暦年間に修験者が七峰の薬師を笹倉山に合祀したといわれる。

笹倉山は、さくら森・大森とも記載されるから、大森山と表現した場合は「森」と「山」は重複で、森は山を表現していることがわかる。そして、「モリ」の言葉の裏には「神霊」が見え隠れする。後に修験道によって神仏が祀られたが、その昔は山容こそが篤い信仰の対象であった。松尾神社があるピークを呼んだ権現森（二八四メートル）を見るとき、そういう感じをうけざるを得ない。例えば、「大森」を「大盛」と書くことがないとはいえない。白虎隊で有名な会津若松の「飯盛山」も「飯森」だったのかも知れない。ひょっとすると昔々は、そんじょそこいらの山を、一般的に「岳」と呼んでいたように、「モリ」と呼んでいたのかもしれない。まず山を表現する「モリ」という言葉があって、後に漢字の「森」が宛てられて、やがて山岳から平地の森林を指すことになった可能性も皆無とはいいきれない。改めて「山を表現するモリという朝鮮語が日本に伝えられて、森林をいうようにズレてしまった」という説が思い出される。

『宮城の山』（歴史春秋社・深野稔生著）によって山々を眺めると、一般的に呼ばれている山の名前の影に、葉山という名前が隠されていることに気が付く。

見え隠れする葉山

丸森町の岩岳山には葉山社が祀られ、同町の夫婦岩（五七二メートル）という岩っぽい山にも羽山が祀られている。雄勝町の巨大な岩をご神体とする石峰山（三五二メートル）の別当は葉山神社である。七ヶ宿町の蛤山の乙森権現も葉山社であり、ここでは葉山と森がかさなる。

この「葉山」は羽山、端山、麓山とも書かれる。奥山に対する里山、つまり端っこにある山という意味で、そこには自然神と祖霊神が共に住んでいると信じられた。人が死ぬと霊魂は肉体を離れて、里に近い木の繁った形のよい山に登って、麓に住む子孫を守ってくれるという思想である。祖霊はそこで浄化されてもっと高い山に登って神になると信じられていた。この思想は修験道が始まる以前、弥生時代以前まで遡れるものだと思われる。これと全く同じ信仰が青森・秋田・山形の日本海側に行くと「森のヤマ信仰」と呼ばれる。葉山、羽山、端山は誰でもハヤマと読めるが、麓山をどうしてハヤマと読むのかといえば、その答えは『日本書紀』にある。この前に哭澤神社を訪ねた時に、『書紀』の六書で、火の神カグツチを生んだことで、イザナミは死んでしまい、それを恨んだイザナギがカグツチをバラバラに切ってしまったくだりを述べた。

続く八書では、「バラバラに五段に切られたカグツチの体は、首が大山祇となり、胴体は中山祇、手は麓山祇となる」として、「麓は山の足（ふもと）をいって、簸耶磨《ハヤマ》ともいふ」と説明が入る。一方、『古事記』では、カグツチの右手が羽山津美になる。つまりカグツチ・バラバラ事件は一連の山の出現を物語る。

このバラバラ事件と、六月と一二月の晦《みそか》に唱えられる神道の祝詞との間には、明らかに関係がある。祝詞は「天つ神は天の磐戸を押し開き八重雲をいつの千別きに千別きて聞しめさむ。国つ神は高山の末・短山の末に上がりまして……」と唱える。つまり高山の末・短山の末は「端山」にあたり、天から降る自然神と下界から登る祖霊神が交錯する。

羽黒山の成立

山形県にある信仰の山、羽黒山の成立は平泉・藤原氏の時代、一二世紀後半といわれている。羽黒山には今でも霊祭殿があるから、そもそもは祖霊が登る山だったと思われる。『霊山と信仰世界』(伊藤清郎著・吉川弘文館)を読むと、羽黒の名前自体が羽山と黒森に由来する端山であると書かれている。はじめは、出羽三山とは羽黒山・月山・葉山(山形県村山市、一四六二メートル)であったものが、室町時代から戦国時代にかけて葉山が鳥海山に、さらに湯殿山に入れ替わって、現在の羽黒山・月山・湯殿山に固定してしまったらしい。この葉山から修験者の手によって、葉山祠が方々に伝えられて行った。各地の葉山に薬師様が祀られることが多いのは、村山市の葉山の本地仏が薬師だったからで、仙台郊外の七ツ森も薬師如来が祀られたことを考えると、祖霊信仰として葉山の強い影響を受けていると考えなければならない。宮城県柴田郡の羽山(二一三メートル)、山形県高畠町の羽山(三〇九メートル)に、古墳が多いのも古代から葬地に関係があるせいだろう。ハヤマ信仰は山形県の内陸部、宮城県南部から福島県にかけて多いが、特定な場所を除いて古い面影は失われている。たまたま手許にある福島県の二三万分の一図を広げて見ると、阿武隈山脈沿いと会津地方に麓山、羽山と記載された山が八ケ所ほど目に入る。『日本山名総覧』によれば、羽山一〇箇所、葉山八箇所と記録されているが、それは現在の国土地理院二万五〇〇〇分の一の残存にすぎない。昔は、それぞれの村ごとにあった。

映画・羽山ごもり

私は一九八三年に福島県松川町金沢の「羽山ごもり」に出会った。福島市の教育委員会が、伝承の消滅を恐れて「羽山ごもり伝承者養成事業」として、十六ミリカラー・三巻・三十五分で記録映画（制作は民族文化映像研究会）を残した。撮影したカメラマンは私の友人の堀田泰寛氏で、日本を代表する記録映画カメラマンの一人だ。今でも私は、その時の撮影に使われた伝承者養成事業テキストを大切に保存している。「羽山ごもり」とはどのような行事であろうか。神事は毎年旧暦の十一月十六日から七日間、黒沼神社境内の、こもり殿で男子だけの参加によって行なわれる。

第一日目から三日までは準備期間だが、三日目には「こもり屋」内に注連縄が張られて、これ以後は境内の神明井戸で水垢離をとらない者は中に入ることは出来ない。また、一日二度の食事を「ヤワラ儀式」と呼び、炊事から食事が終わるまで厳しい戒律を伴う儀式である。第四日は村内の古社を回る「小宮詣り」。第五日の夜は、こもり屋を田圃に見立てて田植え作業を模して（ヨイサッ　ヨイヤッサー）と掛け声も勇ましい「ヨイサー行事」。六日目は「お峰餅の行事」「最後の食事の行事」「大ヨセの儀」「ゴッツォの儀」。そして七日目の未明、最後の水垢離をとった人々は、羽山の山上に向かう。そこには社殿はなく、クライマックスは（天津神、国津神、祓い給え潔め給え）と祝詞が奏上され、羽山の神が乗り移った「ノリワラ」によって、来年の作柄、村の暮らしについて宣託を受ける。祖霊神が子孫に宣託を下す形は、古い信仰が原初に近い形のまま残されたものである。この「羽山ごもり」の撮影中、堀田カメラマンは沖縄を感じたと

写真８　山形県、葉山の烏帽子岩（提供・海東忠男氏）

いう。この証言は、後の沖縄の聖地「モリ」につながる重みをもって蘇ってくる。

先程のべた、残雪期に行なわれる山形県村山市の葉山詣りの例を、同県の大石田町次年子の知人、海藤忠男氏から聞いてみよう。山頂近くにある烏帽子岩は「葉山の頭なので踏んではならない」として、そこを避けて危険な難路を登るのだそうだ。各戸には「人参を植えてはならない」「牛蒡を植えない」などいう禁忌がある。それは、分家した年に植えなかった野菜は、引き続き植えてはならないという決まりがある。ただし、葉山詣りのおり、奥の院に植えてはならない野菜の種を奉納して、半分戴いて帰れば植えられるようになるのだそうだ。

日曜日、午後七時からのＮＨＫ教育テレビの「ふるさとの伝承」は、祖先の霊に豊作の感謝、成人の報告を行なう福島県東和町小幡の羽山「旗まつり」を放映した。色とりどりの大旗が雪の中を羽山の奥宮に向かう。男性のシンボルをかたどった太刀を付けたゴンタチと称する初参加の少年たちは、山道近くにあるくぐり岩で胎内くぐりをしなければ一人前の成人になれない。絵のように美しい旗の動きに圧倒された。これらのハヤマ信仰は近世以降になって修験道の強い影響を受け、祖霊信仰より五穀豊穣を祈る風に変化したといわれるが、東北という同じ土壌で形はかわっても死霊が山に行くという観念からすれば、ハヤマ信仰もモリのヤマ信仰もまったく同じ信仰である。

5　モリ（亡霊）の山に登る

清水のモリ

場所にもよるが棺桶をヤマ桶、死者を包む茣蓙をヤマ茣蓙、葬式の出発を「ヤマ行き」、墓を山稜と呼んだりする。死者の霊は山に鎮まるという考えからである。昔から日本では山は墓であり、墓は山であるという思想があった。これは朝鮮半島でも同じであったらしい。そうすると、山を「モリ」と称するにはそれなりの意味がありそうだ。案外、一本の「モリ」にも墓とか、神聖とかの意味が込められているのではあるまいか。山形県鶴岡市には、亡霊が集まるモリの山があるという話を耳にしたので、鶴岡市の観光課に問い合せの手紙をだした。その返事の封を切ってギョッとした。三途の川のほとりにいて、亡者の衣を奪うという「奪衣婆」とおぼしき姿をあしらった『モリ（亡霊）の山』という書物の表紙コピーが同封されていた。昭和六一年編、編者は春日儀夫となっている。「清水《しみず》のモリ」への略図も入っていた。私が早朝の羽前水沢駅に降り立ったのは、一九九七年十一月中旬の頃だった。地図をたよりに一時間歩いて、清水の集落にたどりついた。通りかかった人に「このあたりに亡霊の集まる場所はありませんか」と聞いたら、「それはモリの山のことで、今でもモリ供養があって旧盆には皆でモリに登る」と教えてくれた。ここでは死ねばお山に行くという言葉が生きている。誰一人いない山道に踏み込んだ。葉山と同じで集落近くの木が茂った形のよい六、七〇メートル足らずの端山である。二〇分も登ると三つに別れた山頂に出た。総称して三森山《ミツモリ》と呼ばれる。北の峰に姥堂、閻魔堂、大日堂、観音堂、そこから下がって地蔵堂、中の峰には中堂、南の峰には阿弥陀堂があって、これが奥の院に当たるらしい。たくさんの墓石とともに何か不気味な静けさが漂っている。真っ白く雪をいただいた鳥海山が美しく見える。ここに登った霊は山麓に住む子孫を見守りながら浄化されて、金峰山や出羽三山、鳥海山にのぼって神になったに違いない。羽黒山が羽山と黒森の合併名であるとしたら、羽黒山の東側一帯がハヤマ信仰

写真9　鶴岡市役所観光課から送られた本の表紙

写真10　三森山北峰の観音堂（三森の文字は、ここにしか使われていなかった）

で、西側がモリの山信仰に別れることになる。信仰の内容はどちらも同じである。そんなことを考えながら、鶴岡市内を歩いていたら、樹齢四〇〇年のタブの木に出会った。タブの木は暖かいところにしか育成しないが、日本海の黒潮の影響で山形県の酒田や飛島にも育っているということが説明板に書いてあった。この暖流を逆に辿った福井県の大島半島にタブの木が茂った「ニソのモリ」という葬地が集中しているところがある。ひょっとしたら、モリの山信仰も海流に乗って辿りついたのではあるまいか、などと考えてみたりもする。

岩木山麓のモリ山

青森県の津軽地方を語った『津軽の民間信仰』（小舘哀三・教育社）を読むと、「モリというのは祖霊のこもる神聖な丘という意味で、村ごとに近くのきわだった丘に祖霊がおさまっていると信じて来た。九十九森などと呼ばれて墓場を意味している」。

写真11　津軽のモリ山の中核をなす岩木山

そして、中心的なモリ山である岩木山にまとめられ、「岩木山麓の守山は平素、禁足である岩木山に代ってお参りされる山で、観音様が祀られており、岩木山大権現の参道脇に守山遥拝所が設けられている」と、極めて重要なことが書いてある。

守山探訪に先立って、岩木町の教育委員会にこの部分をコピーして、守山のありかを問い合せて見たら、「岩木山の守山ですが、森山（四三〇メートル）ならあります。信仰に関係があるかどうかはわかりません」と、五万分の一図のコピーまで添えられた返事が届いた。とにかく、山形県の清水のモリから、現地に飛んだ。天を突くような岩木山の麓、岩木神社の参道脇に「守山遥拝所」があり、「奉崇、守山三柱大神」の碑がポツンとたたずんでいた。

「当社ハ寛治五年（一〇九一）ノ創建ナリ。後ニ旧弘前藩主崇敬ノ社トナリテ（中略）明治六年、神社改正ノ際、官命ニヨッテ岩木山神社ニ合祭セラル」と刻んであった。三柱とは、中座に大山祇神、左座に物部大連守屋、右座は天の御中主だ。物部の守屋は廃仏を

写真12　岩木山麓の守山（現在では森山といわないと通用しない。地図でも森山）

主張して曽我の馬子らと対立して、後に馬子にによって殺された人物だ。

山形県のモリ山は、現在では三森、守山のように漢字に置き換えられてはいるが、意識的にはモリで表記される。そこには何かがモリの発音の中に隠されているような気がしてならない。ハヤマ信仰もモリのヤマ信仰も、祖霊は山に登るということから生まれた信仰だが、ハヤマ信仰は近世以降、修験の影響が大きく、出羽三山などとならんで五穀豊穣を祈願する傾向が強くなった。モリノヤマ信仰は修験の影響を強く受けずに、仏教的ないろあいを強く残しているといわれる。雨をついて岩木山を右に見ながら、車道を二キロ歩いて森山登山口にたどりついた。『津軽の民間信仰』がいう守山であり、岩木町観光課がいう森山である。

まさに木の茂る端山である。山中には守山大明神の鳥居がある。これこそ「一山ノ麓周囲ミナ神界トス」といわれるモリの山だ。ふと、「東大寺山堺四至図」に描かれた飯守山（現在は飯盛山）を思い出した。古くは守にあてられたかも知れないが、森も守も発音によって書き表わされた漢字に過ぎないような気がする。

江戸時代の旅行家・菅江真澄の『すみかの山』（寛政八年）は、青森市雲谷《モヤ》峠の説明に、「高からず低からず、独立するヤマをモヤといい、モウヤなどという。モヤは霞をさしていう方言なり」とコニーデ形の山をモヤという説明をしている。たしかに北津軽郡の靄山（一五〇メートル）、岩手県九戸郡のの靄山（五六七メートル）、秋田県山本郡の茂谷（四五〇メートル）、秋田郡の茂屋方山、能代市の茂谷山、鹿角市の茂谷山などは小なりといえども岩木山型の美しい山である。「靄山は岩木山より低いが姉だといわれる」の口承が存在するから、このモヤ山はモリ山だと思われる。

写真13　青森県市浦町の靄《もや》山

蝦夷地方のモリ

アイヌ語のモ・リ（小山）が、モリの語源だとする説があったことを思い出していただきたい。これに対して、北海道に接尾に森の付く山がないことを指摘する反論がある。この問題はもっと違った角度から眺める必要がある。アイヌ語研究の大家・知里真志保博士の『小辞典』によると、モリの原型がモ・イワであって、「このイワは、今はただ山の意に用いるが、もとは祖先の祭場のある神聖な山を指したらしい。語源はカムイイワキ（カムイ・イワク・イ（神の・住む・所）の省略形か」と解説している。そうなるとモ・イワは（先祖を祀る聖なる小山）ということになる。札幌の藻岩山は、和人が間違って付けたもので、アイヌ時代のモイワは札幌神社付近の円山だったそうである。山田秀三の『アイヌ語地名の研究』（草風館）によると、このモイワは全道に分布して、東室蘭の楽山は明治の地図ではピシュン・モイワ（浜側のモイワ）と呼ばれた。サロマ湖畔に突き出しているポロ・イワ（大きいイワ）、牛首別川が十勝川に入るあたりにある茂岩など、どのイワを観ても風格のある独立丘だといわれる。ただ、北海道の地名、地形は現在では私たちが無作為に捜し回っても、分からないので、文献を信じて頭のなかでしか確認できない難点がある。

昭和十五年の『北海道の口碑伝説』（北海道庁編纂）にも、桧山支庁久遠郡の太田神社は、昔からアイヌが信仰した「オホタカモイ」で、境内の銅像の台座には「黒森云々が刻まれている」（原文のまま）と記載されている。和人の言葉が流れこんで、オホタカ・モイが太田神社になってしまったらしいが、モイが生きている。しかも、ここで黒森が出てくるのはチョット不気味な感じを受けた。そこで、久遠郡太田神社は、何町に問い合せればよいのか全国官公庁電話番号簿を開いて見た。久遠郡には大成町しかないので、大成町役場に狙いを付けた。暫らくして大成町役場から封書が届いた。さて、黒森とモイはどんなつながりなのだろうと、おっかなびっくり封を切った。中から太田神社の不動尊の裏表二枚の写真が出て来た。台座の背後には、右に黒森山、左に寂導作と刻んである。この黒森山寂導というのは作者の名前なのか、或いは、黒森山において寂導が作ったと読むかで大きく意味が違ってくる。黒森山が作者の姓だとしたら、信仰上の黒導は、並列に読めるような気がする。
連が浮上して、岩木山の信仰が、北海道にまで及んでいるということになる。私は、黒森山と寂
に運ばれて来たと考えたら……黒森山とオホタカモイは深い関係にあり、モイとモリ、モヤの関
森山とは無関係になる。しかし、黒森山に住んだ寂導が刻んだ不動尊が、ことさらオホタカモイ

森山とは無関係になる。しかし、黒森山に住んだ寂導が刻んだ不動尊が、ことさらオホタカモイに運ばれて来たと考えたら……黒森山とオホタカモイは深い関係にあり、モイとモリ、モヤの関連が浮上して、岩木山の信仰が、北海道にまで及んでいるということになる。私は、黒森山と寂導は、並列に読めるような気がする。

北海道には本当にモリがないのか。アイヌは山岳に鎮まる神の思想を、つまり、霊魂を信じていたからハヤマ、モリノヤマに似た信仰をもっていたはずである。仙台の北から秋田、山形の境までアイヌ語の川を表わすナイ、ベッ系の地名の集中が見られることから考えて、津軽のモヤをモリ系だと考えるならアイヌ語のモ・イワとの類似性を無視するわけにはいかなくなる。岩木山もアイヌ語のイワク・イで「神聖な山」が語源ともとれる。岩木山麓に集中する製鉄遺蹟と考えあわせ、大和朝廷に強力に抵抗を示した蝦夷文化圏が浮上する。梅原猛博士の「東北地方の言語・宗教は同根で、弥生時代以降、朝鮮半島や中国本土から新モンゴロイド（黄色人種）がやってきて、先住の縄文の遺民を圧迫して東北地方に追いやった。そこで、渡来系と先住民の言語が部分的に混同した」が思い出される。一九九七年宮城県鳴瀬町の里浜貝塚から、朝鮮半島系列渡来人の四体の遺骨が見つかり、彼らは二〇〇〇年前の弥生中期には東北に到達していたらしい。

これを連想させる記事が二〇〇〇年一月一〇日の朝日新聞朝刊に出ていた。酒の強い人が北海道・東北・九州・沖縄に集中していることが、筑波大社会医学系の原田勝二・助教授らの調査でわかったという。現在の日本人は縄文人と弥生人の特徴を兼ね備えているが、縄文人には酒に強い体質の遺伝子形型を持つ人が多かったと考えられる。酒に弱い遺伝子型は弥生時代に海外から近畿、中部に多く移り住んだとされる北方系の弥生人によってもたらされたのではないかという。

つまり、弥生系の人々が、入って来て、従来、生活していた縄文系の人々を、南北に押しやったとも考えられる。北海道のモイワについては、はっきりしたことは分からないが、東北蝦夷と同一圏内に同じような信仰の流れがあったと考えてよさそうだ。

6 ニソのモリ、モイドンを行く

新潟県、長野県では口寄せの巫女をモリコ、栃木県ではオモリサマと呼ぶらしい。ズーッと南に行って、奄美地方では棺をかつぐ白木の棒をモリと呼び、沖縄の御岳《ウタキ》もモリと呼ばれる。これらのモリも先祖の霊と深いかかわりがあるように思える。奈良県吉野の賀生町黒淵でも屋敷ごとにある墓地をモリと呼び、旧家が四十八あるので四十八モリと言って先祖を祀り、正月と盆に祭りをしたという。

奥駆けのモリ

近畿地方の山に詳しい友人に、「修験道の盛んな大峰山地にはモリがあるだろうか」と聞いて見たら、「墓場のモリかどうかは知らないが、大峰山脈と果無山脈に森が集中しており、台高山脈、鈴鹿山脈にはない。わずかに大台ケ原の西の辻堂山（堂が森）があるだけ。大峰修験の死をも厭わぬ厳しい山岳抖擻《とそう》（回峰）の奥駆け道、七十五靡《なびき》（行場）に点在するこのモリはただごととは思えない。なんだろうか?」と、極めて適確な疑問が寄せられた。吉野から大峰奥駆け道を辿ると、守屋岳（四寸岩山）を越えて山上ケ岳に至る。さらに阿弥陀ガ森、大普賢岳（普賢の森）、弁天の森へ、そして道は弥山を経て禅師の森、堂の森、奥守岳、地蔵岳（子守岳）、稚児の

写真14　奈良県大峰山脈の山上ヶ岳（撮影・田畑吉雄氏）

森、大森山を経て熊野本宮に至る。恐らく、この森も聖なるモリであろう。時々「守」が入るのも、モリに当てられる漢字が一定していないからだろう。

ニソのモリ

若狭の大島半島にモリを訪ねた。

米原から北陸本線を敦賀に出て、そこから日本海添いに小浜線の若狭大島で下車する。大島は平安時代の天長二年（八二五）までは島だったという記録がある。清少納言が生きていた頃かもしれない。現在では土砂が堆積して陸続きになった大島半島に、青戸大橋をわたって入った。半島の先端には原子力発電所が出来たので、交通事情をはじめとして環境がすっかりかわってしまった。昭和四十九年にこの橋が完成するまでは、交通手段は船にたよるしかなかった。しかし、その隔絶性が逆に多くの伝統行事を残したともいえる。「ニソのモリ」信仰もそのひとつだ。

大島に入って最初の集落西村で、人家の真ん中に中ロのモリと呼ばれるところがある。盛り上がった台地の上に何本かのタブの木が茂り、ごく簡素なほこらがあって昼なお暗い。この台地はどうも古墳のようだ。タブの木はタモともいう。亡霊が集まるというモリの山探訪のおりに、山形県鶴岡市で見かけたもので、黒潮にのって東北地方の日本海側にもたらされたものである。ニソのモリは大島半島の海岸に沿った七つの集落のあちらこちらにあって、現在三十ヵ所が確認されているという。ニソのモリとはいったいなんだろうか。そこは神聖な場所で穢してはならず、日頃、村人が自由に入ることも許されないという。小さい祠のあるところもあれば、何もないところもある。モリ自体が信仰の対象で、モリさんと呼ばれる。モリの中心には特定のタブの木があって、それに神が降りるという。周囲は照葉樹のツバキ、シイが茂って松や杉はない。神社以前の日本の信仰のかたちを留めている。

モリは、最初に大島半島を開拓した二十四家の先祖を、子孫に関わりのある人達が祀っている。この祖先が大島に渡来した日が十一月二十三日だといわれ、この二十三日がニソの語源とされる。この日は「ニソ荒れ」といって、必ず天候が荒れるといわれる。ニソのモリは何軒かの協同で祀られて「ニソ講」を構成する。現在でも旧暦十一月二十三日にはモリ祭りがおこなわれ、毎年、講の中から当番が交替する。昔は、それぞれの講が所有するニソ田で収穫した米を供えたが、今日ではニソ田で米をつくるという形だけが残っている。

全国的に見て、神社の境内に古墳があるなど、神社と葬地・墓地が重なるところは多い。ニソのモリもこれに近い風景を醸している。大島半島を含む若狭一帯は、人が死ぬと村はずれのサンマイ、ステバカなどと呼ばれる葬地に埋葬して、詣り墓を別にする両墓制で有名な場所である。そしてサンマイはニソのつかないモリさんともいわれる。半島の先端に近い神田のモリ、ハマネのモリは古墳に接近して、ハマネのモリからは二体の人骨が出ている。井上（イガミ）のモリはタブの木一本のモリだ。依代《よりしろ》として、この一本に神が降りてきたのだろうか。ここは六世紀から七世紀初めの石室をもった古墳を土台にしている。清少納語が問い掛けた「一本の木をなぜモリというのか」の答えは、こういう風景にあるような気がする。

イガミ（井上）のモリで思い出したことがある。『河内国瀧畑左近熊太郎翁旧事談』（宮本常一）に、「モリは人の入っては悪い林で、モリを山の神ともサイの神ともいう。モリの木はたいてい、いがんでいる。〈いがみをなおせモリの木〉という言葉がある」と書いてある。大島半島の井上が、いがみ（歪み）かどうかはわからない。ニソのモリの中から一木一草を持ち出しても祟りがあると言い伝えられている。祟りの伝承は全国各地にあって、信州の遠山郷でも伐ってはならない一本のモリ木がある。

『民間信仰辞典』（桜井徳太郎・東京堂）によれば、大分県を中心に、熊本、北九州の屋敷神や集落に近いタブ、檜が鬱蒼とした、小一郎モリも祟りやすい。また、中国、四国、九州西部のモリ神信仰のヤブサ神もよく祟る。同じようにハカ屋敷、病田、クセ地、イハイ山、おそろし山、おそろし所、お墓谷、いらず谷、マンジ屋敷などと言われる場所も同じ性格だという。そうすると平家伝説をもつ徳島県の祖谷《イヤ》も非常におく深いところなので、葬地として「嫌がられる」場所だったのだろうか。その祖谷から遠くない、香川県三豊郡三野と多度津境の山に、弥谷《いや》があってイヤ谷参り行事があったそうである。若狭のニソのモリも先祖の霊、墓とは切っても切れない間柄にある。

モイドンの謎

鹿児島県の薩摩半島を中心に、モイドンと呼ばれる聖地がたくさん残っている。ドンは殿で神聖なモリに敬称をつけたもので、西郷隆盛を西郷ドンと呼ぶのと同じだ。現在、一番有名なのは指宿市道上、上西園の市指定文化財のモイドンである。遠くから見ると、こんもりした小さな森に見えるが、近寄って見ると森に見えたのは、見事に枝を張った直経二メートルもある、榎に巻き付いた一本のアコウの大木だった。現場に建てられた説明板に分かりやすく解説されているので、そのまま転載する。

写真15　指宿市上西園のモイドン
（撮影・大谷忠嗣氏）

「モイドンというのは（森殿）であって、モイヤマ（森山）の一部を祭場とする神であると言われている。森山といっても村に近い場所にあり、普通の社祠も神体もなく、大きな木を神の依代（神が宿る）とするものであり、神社信仰以前の宗教の姿を思わせる神といえる。県下の百を越すモイドンのうち、道上地区に六つ、近くの広森、温湯を合わせると八つが集中している。上西園地区のモイドンの依代は、アコウ（径二メートル余）の木であるが、山ン神（内神）、それにイナイドン（稲荷神）も同じ場所に寄せ、集団民俗神の聖地として現在に及んでいる」

これに、指宿市教育委員会の『指宿の歴史と文化財』によって補足すると、モイドンは指宿にもっとも多く、四〇近いモイドンがある。モイドンは荒々しく厳しい、祟りやすい神だといわれている。上西園では旧暦十一月三日にモイコ（森講）と呼ばれるお祭りが行なわれている。そして、指宿市の池田仮屋にある吉永のモイヤマはイチイガシを神木とし、この木を伐採しようとして祟りを受けたという話も伝えられている。

また、一九九七年七月二十八日の『南日本新聞』は、上西園のモイドンを「妖しの世界。恐れ敬う門（カド）の守り神」の見出しで……指宿市の道上地区は藩政時代の集落制である門の雰囲気を色濃く残している。ここにはかつて九ッの門があり、それぞれにモイドンと呼ぶ守り神があった。その中の一つの上西園には、現在も上西園姓の十五戸が住んでいる。上西園豊さん（六十八歳）は、この四月に九十七歳の母親をなくした。だから、モイドンには入れない。「父が死んだ四十六年前には、木を伐ったたせいだという噂があった」と話しているそうである。

モイドンやモイヤマには古い墓があることが多く、祟りの面でもニソのモリ、遠く東北地方のモリ山、羽山（葉山）と同じと考えて間違いなさそうだ。朝鮮半島でも同じで、一例をあげれば全羅南道には、榎が山神の木として敬まわれ、枝一本といえども伐ってはいけないそうである。

モイドンの研究者である小野重明の説明によると、同族集団である門の墓地は山の上にあって、平地に住む門とを結ぶ線上にある。墓地、モイドン、門の家々といった順に並んでおり、しかも、このモイドンを祀るのは稲作農民で、海運、漁業の人達にはほとんどいないという。森山を自分たちの生活の場である水田の傍らまで招き降ろして、森、山の象徴としての照葉樹林をモイドン

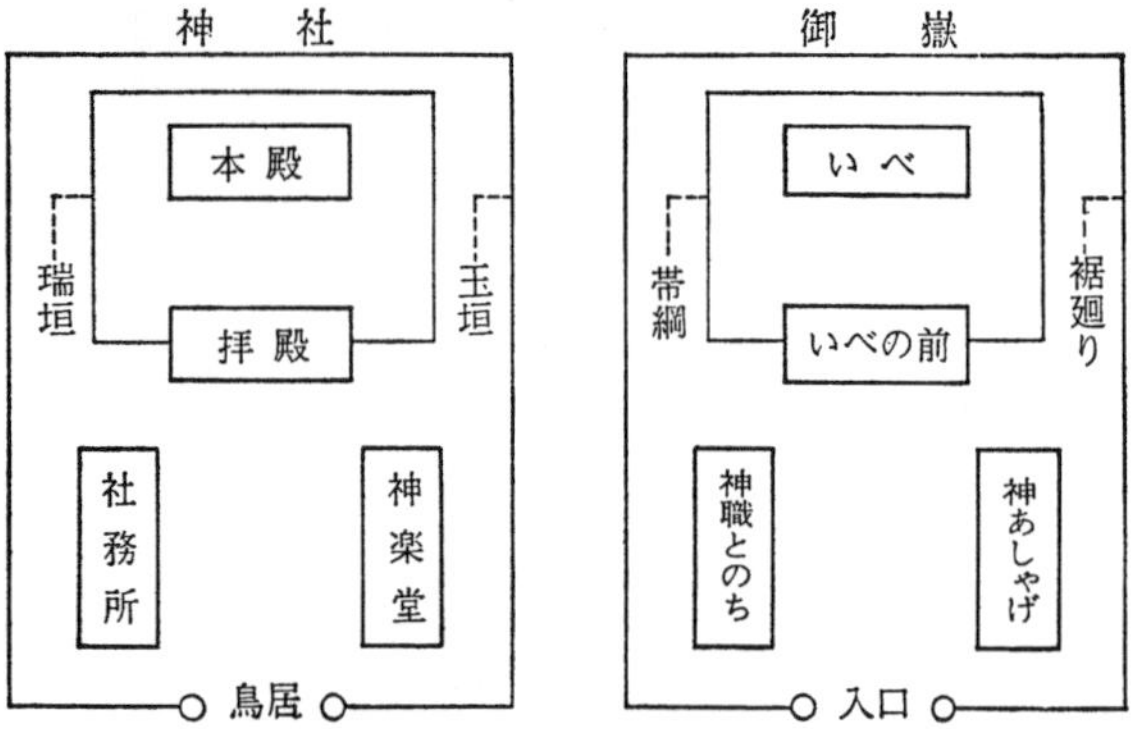

神社と御嶽の構造比較（宮城真治『古代沖縄の姿』より）

図2　神社とうたき比較図（宮城真治『古代沖縄の姿』より）

として祀った。しかも、モイドンの分布が弥生式土器の分布に良く似ていると、祖霊信仰の初期に対して非常に重要な見解を展開している。

7「おもろ」のモリを行く〈その一〉

沖縄への道

沖縄のモリへの興味は、津軽地方のモリを訪ねてから一層強いものになった。というのも、弘前の書店で『新岩木風土記』（柴田重男・津軽書房）を手にして、次の一節に触れたせいでもある。

――「モリ山」とは、「小高い独立した峰」を意味する。これが「神の帰る所」として、古代信仰の地となっていた。これは琉球に伝わる古代信仰の「御嶽・うたき」と同じ系統のものであった。すなわち村々の部族ごとに小高い山があり、洞窟もあって森で囲まれている。それを「うたき」と称して、祖霊の宿る聖なる地とされて、山と森が御神体となっている。今でも「うたき・もり」の信仰を巫女が司り、根強く生き続けている。このもりにこもる巫女をとおして、他界への信仰が色濃く残っていた――

これは、『新岩木風土記』の著者が、沖縄を訪ねて実感した「うたき」信仰である。両者には相当な類似点があるようだ。加えて「三内丸山」の縄文遺蹟を見ての帰り、青森市の書店で手にした『ユーカラ・おもろさうし』（新潮古典文学アルバム）の中に、沖縄最高の聖地としての「アスモリ」の写真が掲載されて目をひいた。それは間違いなく山である。さらに、首里城内の最高の聖地も「首里モリ」だと記載されている。これらの書籍は郷土関連の棚に並べられているものだから、この地域の人が沖縄との関連に深く注目していると見なければならない。映像で福島市の「葉山こもり」を追った堀田カメラマンが「撮影しながら沖縄を感じた」の一言も気になる。

琉球の天地開闢　神歌『おもろ』は、琉球誕生のありさまを壮大なスケールでうたう。

むかし　はじまりや　　昔、天地のはじめに
てたこ　大ぬしや　　大陽神は
きよらや　てりよわれ　　美しく照り輝き給えり
又　せのみ　はじまりに　　昔、天地のはじめに
又　てだ　いちろくが　　（太陽神は美しく照り輝き給え）
又　てだ　はちろくが　　太陽神一郎子が
又　おさん　しちへ　みおれば　　太陽神八郎子が
又　さよこ　しちへ　みおれば　　天上から見おろしてみると

又　あまみきよは　よせわちへ　　鎮座して見おろしてみると
又　しねりきよは　よせわちへ　　（島はまだできていませんでしたそこで太陽神は）
又　しまつくれ　ててわち　　アマミキヨをお招きになり
又　くにつくれ　ててわち　　シネリキヨをお招きになり
（以下、略）　　島を造れと仰せになり
国を造れと仰せになり

――訳は『沖縄の歴史と文化』（外間守善・中公新書）

天界の中央に鎮座する「日の大神」が、アマミキヨとシネリキヨを呼んで、この下に霊処があるが、残念ながら形をなしてない。お前達が降って国を造れと命ずる。その結果、国土が出来上がり「聞得大君御規式次第」は、辺土《ヘド》の「安須もりの御嶽」、今帰仁の「クボウ御嶽」、「斉場御嶽」、「ヤブサツの御嶽」、玉城グスクの「天つぎあまつぎの御嶽」、久高島の「フボー御嶽」、首里城内の「首里もり・真玉モリ」を、神の降臨したもう開闢の七御嶽に指定している。中でもアマミキヨが最初に創ったと言われるアスモリが最高の聖地とみなされている。沖縄本島の最北端、辺土岬にあって東シナ海の荒波の飛沫を受ける四つの峰が「アスモリ」である。山といっても三〇〇メートルに欠けるが、山頂付近は岩峰をなして圧倒的でさえある。

その名称から頭に浮かぶのが『日本書紀』巻一、スサノウ所伝の第四書が述べるくだりである。乱暴が過ぎたスサノウは高天原を追い出されて、「新羅国に降り至りまして、曽尸茂梨の処にましますぞ」。天から降る神は、まず山の上に降りる。朝鮮半島側がモリを山だととなえる根拠には、この茂梨（ｍｏｒｉ）にある。

辺土のアスモリ

船で日本本土から沖縄に近づくと、顕著な目標になるのがアスモリだ。一九五四年に発見されたアスモリ近くの「うさ浜貝塚」の調査から、二五〇〇年前に人が上陸したことが裏付けられるというから、ひょっとすると、その足跡は天孫族と呼ばれるアマミキヨ一族であったかも知れない。

写真16　沖縄第一の聖地「アスモリ」

写真17　首里城内最高の聖地「首里モリ」

アスモリは総称で、地元の呼び方によれば「シヌクシ」「アフリ」「チザラ」「イヘヤ」の四つの峰から成りたっている。極めて急峻な崖が稜線に飛び出す直前に、聖なる拝所「黄金洞」があって、そこはフガニ（黄金）ムイと呼ばれる。その位置からロープにすがってシヌクシ山頂まで登った。その日はあいにくの空模様で展望は悪かった。山頂こそ露岩だが、全体からみれはアスモリは樹林の茂るモリであり御嶽である。毎年、正月と九月に琉球王府から使節が派遣されて、王家の繁栄と五穀の豊穣、航海の安全を祈願したといわれる。その模様は次のようだ。

へとの　あすもりに　おせや（辺土の安須杜に櫓を押せや）

ここで、ふと思った。沖縄方言では「アスモリ」は「アシムイ」に訛るのが普通だが、王府の『おもろ』では、絶対にモリはムイには訛らない。しかし、それは書き言葉だから、正確に「モリ」と書いたのではないかの意見もあるが、聖なるモリを正確に発音するのは「モリ」が、後から入って来た言葉ではないだろうかという点だ。しかし、沖縄の聖地は鳥居も社もなく自然そのままの姿で、神社信仰以前の形態を保っているから、日本本土の信仰よりもっと古いとしたら、逆に沖縄のモリが本土に影響を及ぼしたということになる。沖縄文化と日本文化はどんな関係にあるのか、極めて初歩的な疑問が沸いて来た。

では「おもろ」とはなんだろうか。「おもろ」の語源は「思う」であるといわれて、神が人に授ける言葉、共同体の心を神に申し上げるという意味があるらしい。もちろん「おもろ」は、沖縄の古代からの思想を含んだ複雑なものだが、『おもろさうし』は、一五三一年に第一巻が完成して、以来一〇〇年間を経て全二十二巻（一五五四首）が完成を見る。最初に編纂がはじまった時期は、日本の戦国時代末期にあたる。

話を戻して、アスモリの一峰であるイヘヤは、海上はるかに伊平屋島が見えることから名付けられたといわれる。江戸時代の学者、藤井貞幹は、「日本の皇室の伝統は神武天皇が琉球の伊平屋島に生れたことから始まる」と、奇怪な説をあげている。このことから考えると、思ったよりも強く日本神話の影響を受けている可能性がある。沖縄の聖地アスモリの「アス」は、記紀・万葉の男系の祖の「アス」として、スサノウが降って来たソシモリの影響を受けたとも考えられる。

首里モリと御嶽

きこゑ大きみぎや　　　　─聞得大君（太陽神）が
おれてあすびよわれは　　天下りをして神遊びをし給うからには
てにがした　　　　　　　国王さまは天下を
たいらけて　ちょわれ　　安らかに治めてましませ
又　とよむせたかこ　　　鳴り響く霊力豊かなお方が
又　しょりもりくすく　　首里杜ぐすくに
又　またまもりくすく　　真玉杜ぐすくに

訳は『沖縄の歴史と文化』

これは、王府『おもろ』の第一巻を飾る歌である。固有名詞の首里はショリに訛るが、城内最高の聖地を表現するモリは訛ってない。例えば、現在、守礼の門の近くに食堂・土産物・博物館などが入った首里杜館があって、スーイムイと発音が沿えてあった。より沖縄らしさを出そうとした発想だ。他に王府の聖地として崇められる知念もりぐすくも、固有名詞の知念はチェネンに訛るが、モリは絶対に動かない。地方では屋良座森城がヤラザムイグスクと書いてあった。王府に近い聖なる場所がモリだとしたら、本土でも王権の祭祀に近い神社はモリと呼ばれる傾向にあるのではないかと気になった。

沖縄人の神観念を『沖縄の歴史と文化』によって述べると、海の彼方楽土ニライ・カナイは、「祖先神のまします根所」が原義で、それが展開されて「死者の魂の行くところ」「幸福、豊穣をもたらすところ」という観念が生まれた。また、天界の思想は沖縄固有のものではなく、中国の道教や日本神道の高天原思想の影響を受けた知識人たちによって、王権強化の思想として育てられていった。御嶽という語は、首里王府の知識人によって使われて慣用化される。普通、小高い丘の上から中腹に創られたものが、次第に平地に下りて来たもののようで、「嶽」が使われる意味もこのあたりにある。高いところに登って礼拝を行なうことを簡略化したものだ。ただ、「嶽」の言葉は移入されたものであっても、御嶽信仰の原点は、沖縄の遥か昔に遡るものであることは間違いない。クバの木が高く聳えて御嶽の象徴になるのも、神が下りる依代だからである。たしかに東北地方の葉山、モリ山信仰によく似ており、その信仰が王権思想の強化のために、日本本土から持ち込まれた可能性もある。周辺を海に囲まれた沖縄では、海浜に拝処のある霊もおおく、若狭のニソのモリを彷彿させる。

8 「おもろ」のモリを行く〈その二〉

三世紀から六世紀の間に日本列島に住んでいた人々が集団で沖縄に移動して、日本語から分岐した琉球方言が成立したと見られる。六世紀といえば、仏教を巡って蘇我氏と物部氏が覇権を争った頃だ。そして、九世紀の頃（平安朝）になると、沖縄にも族長的な支配者が現われ始める。暫らくして本土では清少納言が登場する。十二世紀（平安末期）になると、按司《あじ》と呼ばれる支配者が台頭して、その中で歴史的に確認される最初の人物が、中部地方の按司、英祖（一二二九－九九）である。この頃はグスクの時代といわれて、沖縄本島の中部・南部・北部にそれぞれ実力者が登場する。世に言う三山時代である。

沖縄略史

蒙古の第一次日本遠征の頃にあたる一二六五年になって、初めて日本から仏教と文字が伝えられた。一三七二年に中山の王・察度は、中国を始めとして、朝鮮、安南、シャムへと交易を拡大して行く。この頃、沖縄にやって来た中国の冊封使節は、「琉球の人は書画骨董や高貴な衣服を喜ばず、陶器や鉄を喜ぶ」と報告している。当時は、琉球の王は中国国王から封じられるという形態をとっていたので、その冊封を許すという書面を届けて来た役人である。鉄を産しない沖縄では喉から手が出るほど鉄器を欲しがっていた。鉄は国家なり。この動きこそが、国家の統一に向けての胎動を示している。その結果、南部の佐敷から攻めのぼった尚巴氏によって、一四二九年に初めて統一・琉球王国（第一、尚王朝）が誕生した。

日本から渡来する僧を優遇し、相次いで神社、仏閣を建立するが、神道も仏教も新来の文化として受けとめたもので浸透力は弱く、一般社会では沖縄固有のニライ・カナイの信仰が生きづいていた。日本の「応仁の乱」が勃発した直後の一四六九年、クーデターによって、第二尚王朝に引き継がれ、そのまま薩摩藩の介入を経て明治維新に至るのである。『おもろさうし』が編まれたのは一五三一年になってからである。

知念森ぐすく

私を御嶽に案内してくださったのは金城さんと山内さんであるが、金城さんは、もとは金グスクさんであった。グスクをジョウと呼ぶようになったのは近代のことで、本土よみに近づけたせいである。宮城さん、玉城さんの城も本来はグスクだった。先に、沖縄のグスクの時代にふれたが、貝塚時代以来十二世紀頃までは、グスクと呼ばれる聖域と、小さく囲われた石塁を中心にして人々の生活が営まれた。普通、私たちはグスクといえば戦いのために創られた城を考えてしまう。『沖縄の城跡』（新城徳和著・緑と生活社）によると、グスクの数は沖縄本島が百六十三、久米島が十二、宮古島三十、八重島四十二で、総計二百四十七を数える。恐らく全島60万くらいの人口の割りには多すぎるのではないかという疑問が生ずる。

沖縄における神のましまず聖域を、奄美では「オガミ山、オボツ山、神山、グスク」という。それに前にものべたが、棺桶を担ぐ白木の棒をモリともいうらしい。沖縄ではムイ（モリ）、ウガン、グスク、宮古ではムイ（モリ）、グスク（スク）、八重山ではオン、ウガン、ワー、スクなど様々に呼び分けられてはいるが、一般的には、それらを総称して御嶽と呼んでいる。要するにグスクは御嶽でありモリであるから、城塞と見るよりも聖地の意識の方が先行している。王府の

写真18　知念モリグスク

信仰が篤い本島南部の知念モリグスクに行ってみた。「おもろ」には

ちぇねんもりぐすく
かみおりはじめぐすく
ちぇねんもりぐすく
あまみきよがのだてはじめぐすく
ちぇねんもりぐすく

知念モリぐすくは、アスモリ同様に、アマミキヨが初めて創った「もりぐすく」であるとうたわれている。固有名詞の知念は「ちぇねん」に訛るが、後に続くモリは絶対にムイには訛らないのは、王府の信仰が篤い御嶽であるからだ。知念もりぐすくは、小高く生い茂った森の上に築かれ、三〇〇年ほどのガジュマルの老木が太陽を遮っていた。二つのアーチ形の切り石積みの石門があって、代々の知念按司が居城としていたという。その上方

写真19　ニライ・カナイに向かって開いた玉城グスクの門

には一段と古い野づら積みの石垣が、うっそうたる雑木や蔦にからまれて、そこを登り詰めて行くと一番高い部分には御嶽があった。明らかに祭祀の場所を取り込んで創られている。時代が下がってから、城塞に使用出来る部分を拡大したのではないかと思われる。やはりアマミキヨによって築かれたと伝えられる玉城グスクも、山頂の東のニライ・カナイに向けて開いた門にそのような感じを受ける。巨大な今帰仁城でさえも、たくさんの御嶽を含んで巫城の感覚からは逃れられない。

この雰囲気は、朝鮮半島南部に集中する山城を思わせる。正面に向かった部分は厳重でも、それ以外は簡便な造りになっている。それらの山城は、古代朝鮮の支石墓の研究をしていた光岡雅彦著『韓国古地名の謎』（学生社）の見解によると、最初は村落国家間の抗争や交流を、盟約によって護らせるために祭祀を行なう巫女がこもった。その巫城の軍事的に価値のあるものを要塞として増築した作法によく似ている。祖霊神の鎮座する場所、つまり、御嶽は石塁で囲まれ、中に入ることが出来るのはすべて女性で、女性が主祭したのは古代の朝鮮半島と同じである。現在の日本本土では女人禁制が問題になるが、沖縄では現代でも禁制をうけるのは男性である。

首里地名の謎

首里がはじめて文字として確認されるのは、文明年間（一四七〇―一四七六）に捺印された「首里之印」からで、ちょうど「応仁の乱」の頃である。『琉球史辞典』（中山茂編・文教図書出版）は興味ある話を載せている。首里は好字を配したもので、その語源については憶測に過ぎないとしながらも、二説を挙げて「朝鮮語の京城を意味する語にもとずく」と述べている。京城といえば、すなわちソウル（SEOUR）だ。多分にシュリとソウルは音が近いことをいっているのだろう。首里もソウルも王都を意味するのは同じだ。もう一説は、首里には支配するという意味があるので、王都に相応しいという。それはともかく、なぜ城内第一の聖地が首里モリグスクと呼ばれるのだろう。

しょりもり　ちょわる
おきゃかもいがなし
てによりしたの
おうにせてだ
又、またまもり　ちょわる

この『おもろ』が、首里にましますおぎやが思がなし（尚真王、一四七七―一五六二）を褒めたたえるごとく、彼は第二尚氏王朝の基盤を確立した人物である。『おもろさうし』の編集を企画したのもこの人物のはずである。それ以前においては、首里は単なる城内の一部である京の内、首里モリを中心とした一区画にしか過ぎなかった。これが拡大して大首里を形成する。首里モリそのものが原点であったからこそ、聖地とされたのは疑いもない事実である。「これど首里　これどグスク」の『おもろ』の意味が生きてくる。真玉モリは首里の異称ともいわれる。

沖縄の言葉について話をしておこう。というのも、沖縄の御嶽を案内して貰った金城さんに、『日本書紀』で送糞をクソマルというが、現代の日本各地でもその表現が残っていることに驚くという話をしたら、「沖縄でもそういいます」というのでびっくりした。本土の古語では黄泉比良坂というが、今ではヒラとサカを重ねるが、沖縄も石クビリ、儀保クビリ、与那の高平のようにヒラ、ヒリを使う。本土でも琵琶湖西岸の比良山系列のヒラは崖や坂をいっている。北海道でも何年か前に赤平トンネルの落盤事故で死者を出したが、このヒラもアイヌ語で崖のことをいう。沖縄の障子はアカイというが、本土の古語では「明かり障子」なので、言葉の一部分を本土と沖縄が分け合って残している例が見られる。『おもろ』で盛んにつかわれる。「とよむ」も、『万葉集』でつかわれる鳴響（名高い）だし、チャービラ（ごめんください）の語源は来侍（来はべら）で平安時代の日本語だ。メンソーレは（参り召しおわれ）である。このような両者の近親度は、『沖縄の歴史と文化』の表現を借りれば「日本語と沖縄語の関係は、歴史的に不断の接触、伝播があったと見ざるを得ない」。つまり、沖縄方言はほとんどが本土方言に対応するということである。では、モリもそうなのであろうか。

南下の道

土器の形成を通じて、縄文時代以来の伝統が、朝鮮半島南部から九州西海岸、そこから琉球列島へと脈々と伸びている。それは日本列島を経た朝鮮文化の影響が琉球に辿り着く可能性を示唆する。福島の「葉山こもり」を撮影していた堀田カメラマンが、そこに沖縄を感じたのは、葉山の神のお告げをするノリワラに神女ノロを感じたはずである。「のる」というのは、日本古代では、神や天皇が宣告することで、『おもろ』に詠まれた、アマミキョの「のだてはじめ」の、ノダテは「のりたて」で、神女をノロというのも、彼女が神の資格で神のことば、すなわち呪力を備えた言葉を伝えるからである。これは共同体の繁栄のための言葉であったが、個人にむけられた「のろふ」になると、あやしげな魔力をもつ言葉となる。日本語におけるノリの原点は、朝鮮語の歌をいう「ノレ」から来ている。

「葉山ごもり」のヨイサーの神事も、沖縄の旧盆行事に伴うエイサーを思い出さずにはおかない。エイサーの語源は、集団舞踊を伴う「ゑさおもろ」の「ゑさ」に求められ、これに念仏踊りを加えて造りあげられたものがエイサーである。祖霊の供養を目的としている。

『沖縄ことばの散歩道』（池宮正治・ひるぎ社）に、ティラは列島各地にある洞穴で、神事が行なわれるところが多い。本土古代に中国から招来された「寺」をジではなく「テラ」と訓じたのはどうゆう訳か。沖縄のティラ（しばしば寺に当てられている）は鍵になりそうだ、という一文があるが、本居宣長のいうように、朝鮮語のチョル（절）から出たものだろう。岩礁をバエというのも、朝鮮語でもバエだし、毒を持ったハブは本土語のハメ、ヘビに通じるのと同じように、朝鮮語のペミにも通じて、日本海文化の広がりを思う。

沖縄における天界の思想は、前にも話したが、沖縄固有のものではなく、中国の道教の影響、あるいは日本神道の影響を受け知識人によって、沖縄の王権強化のために長い時間をかけて築かれたものである。しかし、その道教にしても、日本に伝えたのは朝鮮半島が大きく作用している。禊や祓も中国古典の『周礼』を見ると、巫女が歳ごとに司るもので、春の禊は三月三日になっている。これが伝統的な神道の行事と思われがちだが、朝鮮半島南部の伽耶の天孫降臨神話から日本に伝えられたものである。つまり、天から首露王が亀旨の峰に降りてきたのが、三月禊浴の日になっていて、現在も沖縄の八重山諸島の「浜下《はまう》りの神事」が三月三日に行なわれることにつながっている。(『道教と古代天皇制』徳間書房)、ものごとは、単純にストレートに伝達されるものではなく、長時間かかって、色々なものと混ざりあいながら伝えられて行く。モリが朝鮮語の山であるということは、さておくとして、王家に近い神聖な木の茂った場所がモリと呼ばれるのは、本土から沖縄に伝えられたような形で東北地方にも浸透していったのではあるまいか。

祖先の霊場である、御嶽モリグスクと津軽のモリ山信仰とは根本的なところで、類似性が認められことはたしかだ。

9　天ツ神のモリ　国ツ神のモリ

神道とは何だろう　幕末から明治にかけて日本で活躍した、イギリス公使館の日本語通訳官アーネスト・サトウが編纂した『明治日本旅行案内』(平凡社・庄田元男訳)は、日本の宗教について次のように語っている。「日本人はすべて生まれた時から親の方針によっていくつかの神様の加護を受けるようになる。すなわち子は神社の氏子になるのだ。一方で、その氏子の遺骸を永久の奥津城に安置するための葬式は、少数の例外を除いてその家族が属する仏教宗派の儀式によってとり行なわれる。約一二〇〇年もの間完全に廃れていた神道に則った儀式が漸く復活したのはつい最近のことである」と、二つの宗教が並立する日本を、彼らの目で一生懸命に客観的に見ようとしている。

日本の古代神道は自然信仰であり、祖先信仰であるとも言われる。神道という表現は、仏の道が意識されるようになってから、対照的に導きだされたもののはずである。

祖先信仰という表現をしたが、神社の近くに古墳がある例が多いことはたしかである。古墳は祖先の墓である。宇佐八幡宮などもそうだが、もっと身近な神社を見ると、どうも古墳の上に造られたのではないかと思われる場所がたくさんある。神社が定められた場所には何かそれなりの根拠がありそうだ。『出雲風土記』では、「上頭に樹林あり、此は則ち神社なり」「社の上に木ありて茂れり」とあり、『万葉集』では、神社と書いてモリと読ませるものがある。気軽に神社をモリと呼んだり、呼ばなかったりしたのか。それともモリと呼ばれるものには基準があったのか気になるところだ。例えば、卯名手の杜とか石田の杜のすめ神などと具体的神名を使わないものも多いが、同例のアサマ（浅間）の神のいます山から考えると、奈良時代に「地名には好字二つを使用せよ」の政令によって、姿容の美しい「富士」の山に整えたらしいことが思い出される。

古くは神社に社殿がなく、神体山や禁足地を聖域として、一般的には「諸村に社《やしろ》なく木を神体とし、なにがしの森と唱えるがごとし」の例が多く見られた。天の神は高い木や岩を目標に降っ

写真20　和歌山県新宮市神倉神社のゴトビキ岩

てくる。今日の諏訪神社のご神木や、紀州・神倉神社のゴトビキ岩などは最たるものだ。神聖な場所の木はむやみに伐らないから、それが茂って森になるのだろうか。『続日本紀』には、「孝徳天皇は仏法を尊び神道を軽んず」の記述があるが、その理由は生魂社の神木を伐ったからだと説明されている。そういわれれば神社には必ず森があるが、お寺には必ずあるとは限らない。

六月の晦に唱えられる祝詞「天ッ神は天の磐戸を押し祓きて天の八重雲をいつの千別に千別きて聞こしめさむ。国ッ神は高山の末、短山の末に上がりまして、高山のいゑり、短山のいゑりをかきわけて聞こしめさむ」、から考えると天ッ神を祀る神社と国ッ神を祀る神社が縦割りに編成されて、この差が朝廷に近い神社のモリに、民間信仰のモリ山、羽山に現われてくるのではないかとの疑問も湧いてくる。それは沖縄の絶対に訛らないモリは王府に関係が深い聖域で、恐らく、本土から遅れて転移した王権保持の観点からしたら、本土の縦割りも見えてくるのかも知れない。

中国思想史家、福永光司が語る『神道と道教』（徳間書店）を読んで見ると、こんなことが書いてある。〈神道の由来は道教にあり、すでに津田左右吉博士が『日本の神道』でいろいろと、その例証をあげている。「惟神《かんながら》の常道」という言葉は、既に中国の道教の中にあって、紀元前三、四世紀頃から使われていて、『後漢書』に現われている。これは、道家の道を指すもので、神道という言葉自体の中身は変わるが、神道という言葉の由来が道教であるということは、だれも否定できない。つまり、仏教とか儒教は外来のもので、日本の信仰の原点は仏教以前にあるからといって、神道が純粋に日本のものだとは言えなくなっている。外国人に言わせれば、日本文化の精神的中枢を考えると、どうしても仏教以前ということになる。それは神道だ。つまり日本を本当に知ろうと思ったら、日本の原点にもどらなければならない。ところが、そうではない。神道の世界に外来の文化、とりわけ道教が重なっているのである〉と、要旨はこのようなところだ。

実は、私は以前から同じような感想をもっていた。昭和四六年に息子が生まれた時、いかにも古代日本の丈夫《ますらお》を思わせる「真人《まひと》」という名前を付けた。ところが誰も「まひと」と読んでくれないのである。病院でもどこでも、必ずといっていいほど「谷　まさとサン」と呼ばれる。ある識者が「それほど真人の文字にこだわるなら、マウトと呼ぶべきた。読みはマウトが正しいと」とのたまう。それでも私は「まひと」にこだわって、『万葉集』でも、多治比の真人を「まさと」とは呼ばないだろうと色々と調査した。そうしたら、太宰府天満宮に国宝として保存されている、中国・唐代の顕慶五年（六六〇）年に編まれた『翰苑』には、「括地誌に曰く、倭国、その官に十二等あり、一に曰く麻卑兜吉寐、華言の大徳なり」と聖徳太子が官位十二階を定めて一等官を「まひとノ君」と読んだ証拠が出て来たではないか。天武天皇も死後におくられた名前は真人だ。純粋神道であるべき時代の日本の中央が、相当に道教かぶれしていることに驚いた。

道教とは簡単にいえば、不老不死の神仙思想で、古代日本に重要な影響を及ぼしている。初めて神と呼ばれた天皇は天武である。この人の和風諡号、天渟中原瀛真人《あめのぬなかはらおきのまひと》天皇は、神山である瀛《えい》州山《しゅうざん》に住む真人（仙人）の意味で、真人は中国の神仙思想では天上の神仙世界の元首の意味である。もちろん、天武は生前にも「八色の姓」という官位を制定して、最上位に真人をおいて、家臣として宮廷で最上位をしめる意味を示した。その姓を与えられるのは皇族だけである。これから考えても、相当に神仙思想にかぶれていたことがわかる。二〇〇〇年二月に奈良県明日香村の流水遺蹟からは亀形をした石の水槽が発見された。斉明天皇は、亀は蓬萊を支える神仙思想にもとづいてこの庭園を構築している。この考えは天孫降臨における、朝鮮・伽耶側の亀旨峰に対応する、日本側の高千穂の久志（亀旨）布流多気の思想をも導きだしているのである。卑弥呼が貰った三角縁神獣鏡も、神仙思想を象徴する「東王父・西王母」の図柄で、卑弥呼の時代から神仙思想は日本に流れこんでいたはずである。

民俗学の傾向

最近の民俗学の傾向は、『森の民俗学』（日本民族文化資料集成　第二一巻・三一書房）の例をあげると、金田久璋は解説の部分で様々な「モリ」の朝鮮語説をあげ、「目下のところ、これらの朝鮮語説は信頼にたる語源説であろう。とまれ、神がいつくひともとの巨木が〈モリ〉なのであって、本来は必ずしも森林を意味しない。すなわち、朝鮮古語で山を表わすモイが東北では山名となり、〈モリ〉という語の祖型を伝えているわけである」と述べて、朝鮮語への期待が大きい。

ただ、五〇〇ページにも及ぶ『森の民俗学』には、若狭・大島半島の「ニソのモリ」、鹿児島県の「モイドン」、「琉球のモリ」など、西日本のモリについては詳しい解説がなされているが、東北地方の「モリの山」信仰などについては、多く触れられていないのである。それに朝鮮語説の場合は、非常に解説が難しいという点があげられる。例として『森の民俗学』が引用する朝鮮語源説の一つに触れて見ると……『地名語源辞典』のなかで山中襄太は、朝鮮の古語で山をmaruと言ったのがmureとなり、現代ではmoriとかmoiとなり、済州島では〈ひとつだけ離れた山〉をmaruといって、旨の字をあてているとあるが、とてもこれだけでは日本語のモリと朝鮮語のモリがどんな関係にあるのかはっきりしない。

写真21　釜山福泉洞出土の樹木を形どった冠、天孫は樹木に降臨する。

実は、この〈済州島云々の説〉は金沢庄三郎が昭和四年に『日鮮同祖論』で唱えた説で、あれから相当に時間が経過している。現代の日本の登山地図を見ても、

△△ノ丸（ｍａｒｕ）呼ばれるピークはたくさんあるし、韓国山岳会の歌は「山峰登ろう《サンマルオルジャ》」と歌っている。右の語源辞典に出てくるｍｕｒｅの山は、牟礼、群として日本国中に散らばっている。既に、これまでに述べた話で、東北、四国にはモリの山がたくさんあって、どうやら山イクォール墓の公式が日朝ともに同じ感覚にある。

これらの説を誰にでもわかるように解説をするためにどうしても、これから朝鮮半島に渡らなければならない。次の展開に備えて以上雑然とではあるが、感じたままを述べておいた。

10　朝鮮半島のモリを行く

曽戸茂梨の秘密

モリの語源を求めて朝鮮半島に渡ろう。はたしてそこには、日本の民俗学が期待を寄せているモリのヒントが埋まっているだろうか。一口に朝鮮半島といっても、現在では二つの国家が存在している。南半分が大韓民国。北半分が朝鮮民主主義人民共和国。日本人は、それぞれ通称で韓国、北朝鮮と呼んでいる。韓国のほうは国交があるから簡単に行ける。北朝鮮のほうは国交がないから、名古屋空港からのチャーター直行便か、ペキンから乗り継がなければならない。私は、両国ともに四回ほどの訪問経験がある。

一九八〇年頃、前作の『日本山岳伝承の謎』を書くために韓国に渡った時、色々と面倒を見てくれた友人の鄭棨鏞氏は、当時は国際旅行社の課長だった。二十一世紀を迎える現在では、韓国第三の都市である慶尚北道、大邱広域市にある啓明文化大学校観光経営学の教授、鄭博士になっていて、共に必要な情報を交換しあう家族ぐるみの付き合いである。そして、『伝承の謎』が出版された一九八三年には、「朝鮮語」か「韓国語」かでもめたNHKの外国語講座が「アンニョンハシムニカ講座」として八四年から開設されることに決まった。お互いの生活はおおいに変化を遂げたが、日本側におけるモリやマルの言語学的な見解は、まだ解決を見てない部分がたくさんある。というより、この分野に関しては、日本側は本気で取り組んでない。今では、成田や関西空港だけでなく、地方空港からもたくさんの便が飛んでいる。海路で行くとしたら、百済の救援に赴く先の見えない二万七千の倭の大軍の心境に近づくことが出来る。博多、下ノ関、大阪から釜山へフェリーが出ているし、東京駅からソウル駅までの通し切符も購入できるようになった。空の旅にすれば、神話に出てくる高天ガ原から朝鮮半島を眺めることが出来る。

朝鮮半島も日本と同様に山国だ。谷筋が深々とくびれ込むありさまは両国ともによく似ている。強いていえば、日本の山は黒に近く谷筋は茶色でそれほどの濃淡はないが、朝鮮側のそれは、谷筋が鮮やかな白でコントラストを醸して、花崗岩性の土壌が広がって樹木の育ちが悪いことがわかる。七、八月頃に雨が集中して、それ以外は乾燥した気候が続いて冬は寒い。今はそんなことはないが、昔は競ってオンドルの燃料として樹木を伐り、落葉まで持って行ったそうだ。ここで思い出されるのは『日本書紀』の第四書である。いたずらが過ぎたスサノウは高天ガ原を追い出されて、ひとまず「新羅の国に降到まして、曽尸茂梨《ソシモリ》の処に居します」と、日本より先に朝鮮半島に降っている。高天ガ原は、日本より朝鮮半島に近いらしい。それはともかく、この時、スサノウの息子である五十猛《イソタケル》は、多くの木の種を持っていながら「韓国には植えずして、ついに筑紫より始めて、大八州の内に播きおほして青山になさずといふことなし」と、日本にだけ播いたこ

写真22　高霊加羅の池山洞古墳群（高天原との説もある）

とになっている。これは、日本に比べて朝鮮半島のほうが禿山が多いことを知っている人間が書いた話であり、筑紫よりはじめての筑紫にも、それなりの意味があるはずだ。

新羅の前身は辰韓の斯盧《シロ》である。四世紀に建国して、五世紀頃から国号を新羅《シンラ》と名乗った。日本側はこれをシラギと読む。モリの語源らしい曽尸茂梨とは、どこにあるのか。それについては、清少納言と同じ平安の昔に問題にした人物がいて、『釈日本紀』（巻七）に記録が残っている。陽成天皇の元慶二年（八七八）、『日本紀』講書の時。講師が曽尸茂梨について、「遠いところのことであるからわからない」と答えたら、百済人の子孫である宿禰の高尚が、「蘇之保留ではないでしょうか」、つまり之は助詞「の」であって、蘇保《ソホ》留《ル》は新羅の国、又は新羅の都のことではないかといったのである。そうしたら講師は「はなはだ驚くべし」といい、摂政の藤原基経も笑ってうなずいたという。ソホルは都のことで、現在の韓国の首都ソウルの音はこれを伝えている。果たしてそうなのか……。

一方、これも昔からいわれた説だが、朝鮮語で牛をソといって、シは助詞の「の」。モリは「頭」だから、漢音で読むと牛頭（ウドゥ）になって、新羅の牛頭山に想定されていた。今の江原道春川地方が『三国史記』の基臨尼師今三年（三〇〇）に牛頭州と出ている処だ。日本総督府は、ここをスサノウの降臨の土地と定めて神社を建てようとしたけれど、果たされないままに敗戦を迎えた。そんなことを念頭において、私とかつての鄭青年は一九七九年の一二月に牛頭山近くの五峰山に登ったことがある。私が手袋を忘れて二人で片方ずつ使用した。この地が果たしてそうか……。

近年、最もクローズアップされる場所が、慶尚南道の山奥にある伽耶山《カヤ》（一四三〇メートル）で、古名が牛頭（ウドゥ）山である。南麓には新羅の哀荘王三年（八〇二）に建立された韓国三大古刹の一つ海印寺《ヘインサ》があって、八万大蔵経が納められている。いわゆる伽耶諸国の盟主、高霊《コリョン》地方の大伽耶国にあたる。スサノウが高天ガ原から降ったところというより、池山洞古墳群の見事さから高天ガ原だとする説さえある。一九七〇年代後半に行った頃は、韓国のチベットといわれるくらい不便なところで、釜山からバスで五時間くらいかかったけれど、陜川《ハプチョン》の山また山奥を走って面白かった。スサノウとの関係云々よりも、日本との関係が一番深い地域なので、伽耶について少し詳しく説明をする。

伽耶は加羅ともいって、古代朝鮮三国である高句麗、百済、新羅の他に、洛東江の中、下流域に二世紀から六世紀の頃、寄り添うように、競いあうように、小国が存在していた。古文献によって判明しているのは、金官伽耶、非火加耶、阿羅伽耶　大伽耶、小伽耶、星山伽耶、古寧伽耶の七ヶ国だが、通称、六伽耶と呼ばれる。

『魏志の倭人伝』でいえば、「倭に至るには、海岸に循って水行し、韓国を歴て、あるいは南し、あるいは東し、其の北岸狗邪韓国にいたる」の狗邪韓国こそが、伽耶または加羅の地なのである。カヤはカラに転音する。『日本書紀』には任那の日本府の記載がある。この任那を伽耶全般に及ぼして、日本の植民地だったとする説が昔からあった。日本植民統治時代の朝鮮総督府は、なんとか痕跡を捜そうと努力したが何も発掘出来なかった。最近では、どこかに倭の出先機関くらいはあったかもしれないが、領土支配を含む問題ではなかったと考えられている。任那のことで印象に残ったのは、一九八七年と一九九〇年に中国吉林省集安にある高句麗・好太王碑（中国、吉林省）を見学に行った時のことである。八七年の時は一人旅で、集安の入り口である通化が外国人に開放されたばかりだったので、この年にやって来た日本人は一〇人程だといわれた。有名な「倭辛卯年来渡海破」の一節は碑文の第一面にあって、肉眼では判読するのは難しいが、「三九一年に倭が海を渡って攻め寄せ、百済と新羅を破って属国にしたので、好太王は倭と戦った」と読める。第四面は肉眼でハッキリと「任那加羅」「安羅人戍兵」が読みとれる。それは「庚子（四〇〇）の年、新羅城に倭兵が満ちたので、高句麗はそれを任那加羅まで追撃して、大和朝廷の傭兵ともとれる安羅人戍兵を破った」のくだりだ。この二度にわたる好太王碑見学には、ペキンの中国国際旅行社総社の李永勝氏が同行してくれた。彼とは一九八六年にネパールからラサまでチベットを横断した仲で、西暦二〇〇〇年現在は総社の日本部長である。二回目の訪問の時は神田女学院の伊佐九三四郎氏と二人旅だった。帰路の集安から通化までの四時間、長春考古文物博物館長の方起東館長と同席した。好機とばかり安羅人戍兵の解釈を聞いたら、「安」は配置する、つまり「羅人」は新羅人だから、高句麗は配置された新羅兵を破ったという、思わぬ見解を示され、「任那日本府」については、領土支配を含まない存在だと強調された。シュッシュッポッポと蒸気機関車の振動が心地よかった。

それはともかく、伽耶地域には、日本より一世紀も古い古墳があり、近年は発掘の成果もめざましく、鉄を始めとした豊富な副葬品によって、断然と進んだ文化が栄えて、日本の文化、政治経済に与えた影響は計りしれないものがある。新羅勢力の南下によって徐々に圧迫を受けて、五六二年には新羅に併合されてしまう。百済から日本に仏教が伝えられた頃である。スサノウが高天ガ原から降りた場所の話から、伽耶地方の説明が長くなったが、この場所が高千穂の峰と、もっとも近い関係にあるので、是非、記憶しておいていただきたい。

最初のソシモリの話に戻る。ソウルで民俗学の金泰坤博士に、曽戸茂梨の話をしたら、「ソッ(高)モリ(頭)で高い山の抽象表現です」「(モリ)は頭でいいのですか」「そう、(モリ)は高い場所だから峰の(マル)と同系です」という返事が戻って来た。村落を護る信仰の象徴をソッ(高い)テ(竿)という。私も、スサノウが降った場所は、一般的な「高い山」の表現だと思っている。

写真23　ソッテ(高竿)

朝鮮語とは何か

モリの問題に踏み込む前に朝鮮語について話をしておかなくてはならない。朝鮮語は日本語と似ているといわれる。例えば出発は日本語でシュッパツ、朝鮮語ではチュルパルでたしかに似ているが、これは中国漢字を日・朝両国人がどう発音したかに過ぎないから、似ているのはあたりまえだ。山を日・朝ともにサンと読むのは、両方が漢音のサンを同じに聞いたからである。しかし、純朝鮮語の出発は（トナダ）で、山は（メ）でお互いの固有単語はまったく異なるのである。日・朝の両国語が本当に似ているのは文法にある。朝鮮語の文法は日本語と同じ手法で、主語にテ、ニ、オ、ハの助詞をつけて述語をもってくればよい。特に、漢字を多用すれば素人目にも文法が似ていることがわかる。その一例として、埼玉県新座郡のなりたちについて、韓国側の文献『日本古代地名研究』から、数行を掲載して見る。

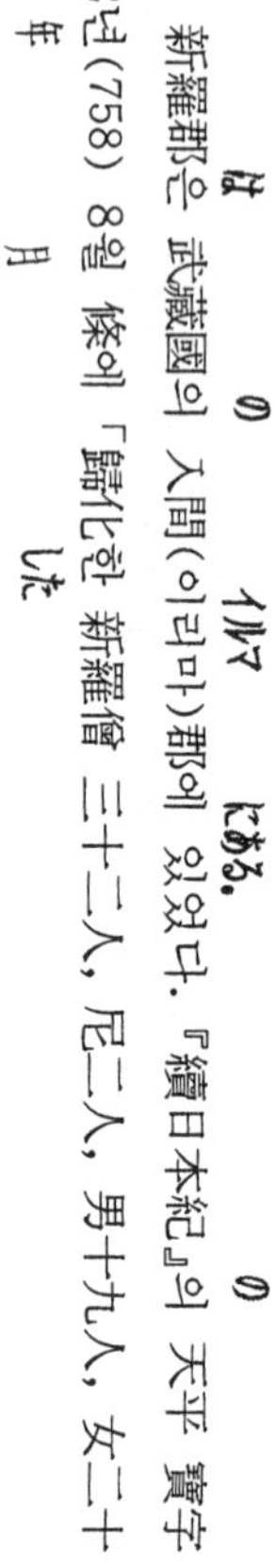
新羅郡은 武藏國의 入間(이리마)郡에 있었다. 『續日本紀』의 天平 寶字
は の イルマ にある。 の
2년(758) 8월 條에「歸化한 新羅僧 三十二人, 尼二人, 男十九人, 女二十
年 月 した

図3　『日本古代地名研究』より

問題はマルと棒の、母音・子音の組合せ、朝鮮文字ハングルに幻惑されてしまうことにある。だが、この図形的な文字は、カナやアルファベットと同じ表音文字で、それ自体は意味がなく、組み合わさることによって意味をなす。次に、その一覧表をあげるので、この本の随所に出てくる모리《モリ》とか、마루《マル》、산《サン》を自分で組合せて絵解きしてほしい。三人ほど『東亜日報』に掲載された、著名人の顔写真を載せるから、下にかかれたハングルを読んで頂きたい。私は、知人の名前をあたり次第にハングル書きにしているうちに、読めるようになった。

この文字が作られたのは、日本では室町時代で応仁の乱が始まる二十年前にあたり、ドイツではグーテンベルグが活字印刷を始めた頃、一四四六年（北朝鮮側の見解は一四四四年）に李朝、四代の世宗王によって公布された。世界中で日本語と朝鮮語ほど近い間柄にある言語はない。それよりも、日本は三十八年もの間、半島を植民地支配したから、日本語が朝鮮語のなかに紛れ込んでしまい、一九九〇年には韓国で国語純化運動が起き、奈良漬け、忌中、割勘、板場、蛇腹、座布団など三九七個が国語研究所から、純化対象として発表された。私にはこんな記憶がある。例の好太王碑を見学する為に、朝鮮族自治州の延吉市にはいった時のことだ。犬肉を食べに食堂

母音	基本	ㅏ (a)	ㅑ (ya)	ㅓ (ə)	ㅕ (yə)	ㅗ (o)	ㅛ (yo)
		ㅜ (u)	ㅠ (yu)	ㅡ (ū)	ㅣ (i)		
	複合	ㅐ (æ)	ㅒ (yæ)	ㅔ (e)	ㅖ (ye)	ㅘ (wa)	ㅙ (wæ)
		ㅚ (ō)	ㅝ (wa)	ㅞ (we)	ㅟ (wi)	ㅢ (i)	

子音	基本	ㄱ (k̄·g)	ㄴ (n)	ㄷ (t̄·d)	ㄹ (r·l)	ㅁ (m)	ㅂ (p̄·b)	ㅅ (s)
		ㅇ (ŋ)	ㅈ (t̄ʃ·dʒ)	ㅊ (tʃ)	ㅋ (k)	ㅌ (t)	ㅍ (p)	ㅎ (h)
	濃音	ㄲ (k˙)	ㄸ (t˙)	ㅃ (p˙)	ㅆ (s˙)	ㅉ (tʃ˙)		

図4　ハングル母音・子音表（外務省『日本と韓国』より）

に入ったら、「コンニチワ」の声が聞こえた。日本人は私一人なので「コンニチワ」を返したら、日本の花札を張っていた伯母さんがビックリした。この人はコンニチワが日本語だということを忘れてしまい、日常語として仲間うちで遣っていたのである。

反対に日本語に入りこんでいる朝鮮語もたくさんある。卑近な現代日本語に限っていえば、背の高いことをノッポというが、これなどは朝鮮語の（ノップン）から来たとしか思えない。食べるのモグモグも朝鮮語の食べる（モクタ）と関係がある。九の数字あわせの賭博オイチョカブのカブも朝鮮語の幸運の九（カボ）をいう。催す、ひるの「糞マル」については哭澤神社のところで話した。（来ましたよ）は「ワッソヨー」だから、お神輿を担ぐ（ワッショイ、ワッショイ）も朝鮮語かも知れない。その他、ポンコツ、チョンガーなど色々ある。自転車はチョンコジャンなので、チャリンコはこれから出たのかも知れない。ただ、日本でもひらがなは女文字だといわれたが、このハングルも同じで、友人の鄭博士は一九五一年生まれだが、小学校に入学する時、祖父が女文字を教わるのを拒否して新聞記事になったそうだ。

この文字が出来てから、従来の漢字で表記されたものを、初めてハングルで再構成した『龍飛御天歌』がある。この巻四で椵山は（pi　moro）の注があるから、山はmoroでモリ系列であることがわかる。これを日本に当てはめれば御諸（三輪）山で、諸と山の接尾は重箱で「御山」でよいことになる。

金沢庄三郎の真意

天ツ神のモリ、国ツ神のモリの項で語った金沢庄三郎博士の説は、昭和四年に『日朝同祖論』の中で、「今日の朝鮮語で山をmoiというが、古語はmori

であって、済州島では平地に孤立した山をｍａｒｕと読んで、旨の字を当てている」と述べている。そして半世紀以上もたった現在でも、この文節がそのまま、モリ、マルの説明に用いられているのである。金沢博士は朝鮮語、国語学の権威で日本における朝鮮語学の開拓者である。もう少し詳しく説明すれば、「朝鮮語における山の発音はｍｏｒｉがもっとも古く、これがｍｏｉやｍａｒｕに変化して、済州島では山をｍａｒｕと呼んで旨の漢字をあてる。つまり、山はモリ、モイ、マルに変化する」といっているのである。そこで、明治四十三年から大正七年にかけて、日本総督府と参謀本部陸地測量部によって作成された済州島・五万分の一図、十一枚を調べて見た。済州島ではｍａｒｕという山を捜すことは難しいが、山の意味である「旨」を鍵にすれば理解できる。旨は漢音で「チ」と発音されるので、残存している楮旨岳《チヨヂ》（一八〇メートル）に注目した。旨と岳は山の重複で、日本でいえば大峰山の峰と山が重複しているのとおなじ用法だ。一番上の「楮」だけが語幹である。楮旨岳は里人の俗称で닥몰《タクモル》と呼ばれているから、旨がモル→マル或いはモリであったことがわかって、原型の「楮旨」が復元出来る。ちょっと余談をはさめば、ここでは紙の原料の楮のことをタクと呼んでいる。コウゾの白と新羅のシラを引っ掛けた新羅の枕詞・楮衾《たくぶすま》を『万葉集』で多久夫須麻と表記しているから、多久の読みは朝鮮語であることがわかる。その他に東地岳、母地岳も「チ」の音にひきずられた結果で、元来は東旨、母旨だったはずである。岳はあとで付けられた山の接尾の重複だ。これらの地図は、日本の植民統治を念頭において、行政区画、地名は日本人好みに整理されているので、本来の純朝鮮読みの地名は消されてしまっている。

　このことにいち早く気づいたのは、実際に朝鮮半島に渡って檀国大学大学院に籍をおいて、支石墓の調査をした光岡雅彦である。この人は明治四三年からの陸測五万図の制作以前、明治三二年に極秘に調査された目測も含む「軍用秘図」に、古形が残されていることを喝破している。それなら、場合によっては一〇〇〇年昔の読みも確かめることが出来る。そのことは光岡雅彦著『韓国古地名の謎』（学生社）に詳しく、松旨《ソモリ》、栗旨《パンマル》なども収録されている。のみならず、古代朝鮮における巫城の性格が詳述され、沖縄のグスクの性格との類似性に迫ることが出来る。

　屋根の一番高いところ、つまり棟を龍マルといい、韓国山岳会歌の二番の歌詞は「山峰《サンマル》登ろう《オルジャ》」だ。日本の植民統治時代に結成された朝鮮山岳会の中心メンバーだった飯山達夫さんに直接聞いた話だが、山の名前がわからない時は、同行した人夫に「あの마루《マル》はなんという名前か」と質問したそうである。金沢博士の「済州島では、山をｍａｒｕといって旨の字をあてる」を、何度も引き合いに出すが、これに続いて、「亀旨の峰の、旨の字もｍａｒｕと訓じて山の意とすべきである」と止めをさしている。この提言は日朝両国の「国家開闢神話」が、何をいわんとしているかの琴線に触れる重要ポイントなのである。

　この마루《マル》について、一九九八年春になって気が付いたことがある。おりから北朝鮮の映画『プルガサリ』の評を、『朝鮮時報』から依頼されて見にいった。プルガサリは鉄を食べる伝説上の怪獣である。劇中で農民が圧政に耐えきれず反乱をおこす場面があり、日本語の字幕に「マル山《サン》に篭もった」というところがある。つまり、一般的な山の表現である。

11　高千穂の峰の秘密

亀旨峰……

前の項で、伽耶（加羅）諸国の話をした。この伽耶の開闢神話は、『三国遺事』巻二の「駕洛《カラ》国記」に次のようにのべられている。亀旨《クヂ》の峰に天から卵が降りてきて、その一ツから金首露王が生まれ、残りの五個から生まれた者が五伽耶の王になったという。

写真24　釜山近郊の「亀旨峰」の碑（朝鮮半島南部の天孫降臨の場所）

この金首露王の墓とよばれる美しい円墳が、釜山広域市の近く、金海市の郊外に残され、今でもこの墓に祀られた金海金氏の子孫によって、祭祀が営まれている。『三国史記』巻十四では、卵が降りてきた所は亀峰になっている。つまり、これによっても旨は峰と同じで、峰（マル）であることがわかる。亀は朝鮮では神だか

写真25　カラモイ不動産

ら、亀旨（峰）はズバリ「神の峰」でなくてはならない。この位置は伽耶の地理でいえば金官伽耶国にあたり、任那伽耶とも呼ばれ、日本ともっとも深い関係にあった地域と思われる。この「神の峰」は高い峰ではなくて神聖な古墳程度のもの、或いは古墳そのものだ。

『三国史記』は、日本の平安時代末期にあたる一一四五年に金富軾が撰したものだ。比較的時代は新しいといっても、連綿と伝えられた古文書から編纂されたもので、近年、文献批判は綿密に行なわれて、一部は四三〇年前後から中国文献とも強い一致を見せ始める。百済の武寧王の死亡年は、墓誌により四二三年五月と判明したが、『三国史記』『日本書紀』の記述とピッタリと一致する。『三国遺事』は、正史にもれた雑多な記事を載せて、一二七五年に僧一燃によって撰せられた。両著とも日本側の『記紀』に劣らない重要な資料である。この伽耶（加羅）の象徴でもある亀旨峰を地元の古老はカラモイと呼ぶ。クシボンは漢音なので、純朝鮮語音で古式ゆかしく表現したら加羅山《カラモイ》になるのである。ここに象徴的に活きている加羅山をお見せしよう。それは不動産屋さんの屋号で（写真）、日本でいえば、さしずめ高千穂不動産ということになろうか。

伽耶の「神の峰」から玄海灘にむかって約二〇〇キロの直線を引くと、それは対馬を踏み台とした、古代朝鮮と九州の最短ルートで筑紫に到着する。ここで中国の『新唐書』が日本の歴史をのべたくだりが活きてくる。「初主は天の御中主と号す。彦瀲《ひこなぎさ》に至る凡そ三十二世、皆尊をもって号となし、筑紫城にいる。彦瀲の子神武《じんむ》たつ、更に天皇を以て号と為し、従りて大和州に治す」。これが編纂された、一〇〇〇年ほど昔の中国の正史は、日本は筑紫にはじまると信じていた。五十猛の植樹神話にも、ことさら「筑紫よりはじめて青山になさざるなし」と筑紫が強調される。

久志布流多気《クシフルタケ》

こうなると俄然、日本神話の天孫降臨は位置的に具体性を帯びてくる。と同時に、古代朝鮮語と思われる「旨」（マル・モリ）が日本神話に影を落とすのである。『古事記』は、天皇家の祖であるニニギが「天の石位を離れ、天の八重多那雲を押し分けて、筑紫の日向《ひむか》の久志布流多気に天降りましき」と開闢の一歩を記す。さらにニニギは「ここは韓国《からくに》に向かいて、朝日のただ さす国、いと吉き地」と言っている。韓国こそ伽耶（加羅）だから、高千穂の位置は、朝鮮半島に直接向きあった九州北西部と考えなくてはならない。ニニギが降臨した久志布流多気は、一見して伽耶神話の「亀旨峰」と酷似していることがわかる。一番最初の「久」が亀だ。続く「志」が旨である。「布流」は山頂の意味で、「多気」は岳だ。布流の部分は説明を要するが、朝鮮の固有語で山は（メ）で、朝鮮語の特徴として、固有語と漢字語を重ね読みするから、（メ・サン）と読む。現代の『韓漢辞典』でも、「山は（메《メ》・산《サン》）」と表記してある。さらに（メ・プリ・ボン）と山を三つ重ねて表現することがある。ボンは漢字語の峰である。同じように（サン・ボン・ウリ）も朝鮮語の山の表現だ。（ウリ）は兀で台形の山である。朝鮮語

では、もう一ッ山をタルという系統が存在する。今日の済州島に達山峰《タルサンボン》という山があるが、これも山を表わす語の三ッ重ねだ。だとしたら、高千穂の「志・布流・多気」も、語幹の「久」以外は山の表現が三つ重ねられた、朝鮮語式の表現ということになる。朝鮮語では「久《ク》」と「亀《ク》」は同音で、ともに（コム・神）と読まなくてはならない。つまり日本側の天孫降臨の位置も【神の峰】である。玄海灘を挟む二つの【神の峰】は何を意味するのか。任那の日本府説と併せて、お互いに切っても切れない縁があるところだ。新羅から圧迫を受けて押し出された人々が、玄界灘を渡って来たのか、或いは、江上波夫教授の「騎馬民族征服説」を応用して、朝鮮半島を南下して来た勢力が神話とともに九州に渡って、北九州と朝鮮南部の伽耶を併せた倭韓連合王国を造ったとも考えられる。海を渡る水平のベクトルを、垂直のベクトルに置き換えたのが、高千穂の天孫降臨神話の合理的解釈のようだ。その後は更に日本列島を北上、摂津、河内方面から大和に入り、土着勢力と融合して日本を統一する王国を創ったということになる。

一方、『日本書紀』は、本文の他に一書に曰くと四種類の異伝を載せる。

（一書の①）筑紫ノ日向ノ高千穂ノ槵触《クシフル》ノ峰
（一書の②）筑紫ノ槵日《クシヒ》ノ高千穂ノ峰
（一書の④）日向ノ襲《ソ》ノ高千穂ノ槵日《クシヒ》ノ二上ノ峰ノ天ノ浮橋
（一書の⑥）日向ノ襲ノ高千穂ノ添《ソホリ》ノ山ノ峰

右の例では『古事記』の久志布流多気を二文字の漢字で、「槵日《くしひ》」或いは「槵触《くしふる》」、「添《そほり》」と読ませている。金沢庄三郎はいう。クシフルは神武天皇が即位した橿原《かしはら》に通ずる。六書の添は、百済

の所夫里や新羅の蘇伐と同じく王都を意味して、現在のSeoul（서울《ソウル》）に、そのものズバリが伝承されている。天孫が第一歩をしるした場所を王の都とする思想だ。このソホリに朝鮮語の大を表わすクを付ければクソホリ―カシハラに変化して、すべてが久志布流多気と亀旨に帰納してしまう。九州には久住、高住（彦山）、祖母、背振などクシフル、ソホリ系の山名がたくさんあるのも興味深い。さらに、亀旨、久志が熟語になって、祖先の霊に関係してくる。「奇し霊《ヒ》」、つまり霊威の峰を表わして、頭に飾る串（櫛）に威力が篭もるとするものである。神前に捧げる玉串、瀬戸内の大三島神社の神域を御串のモリというような用法、会津磐梯山に見られる櫛ヶ峰なども源を一つにしている。『古事記』にも棟串《ムネクシ》つらなりてという表現がある。物の名前は身近なところから始まる。山の峰にしても、最初に遠くの山があって名付けられたのではない。まず、マイホームがあって、その屋根の棟があり、遠くの山の尾根がそれに似ているから、棟と名づけて峰に変化して行く。ヤマトタケルがオトタチバナ姫をしのんで「吾妻《あずま》はや」といったというのは、吾妻は四面屋根の傾斜、四阿《あずま》つまりマイホームのことである。

城郭の丸

文字として、モリの音も含むマル、すなわち旨は、この時点で確実に日本列島に招来されているのである。山が聖なる場所であり、祖先の霊が鎮まるところ、ひいては死ねばお山に行く。山は墓、墓は山。山中他界観という山の思想は、天孫降臨神話にこめられている。前に朝鮮語の「山」にはもう一種類「達」があると話した。『日本書紀』の六六三年、百済の復興のために日本から二万七千の軍勢が救援に赴いた。この時、中大兄皇子（後の天智天皇）は、斉明女帝を奉じて本営を九州に進め筑後川沿いの朝倉に行宮を定めた。この時の出兵の

図5　3世紀頃の朝鮮半島

有様を中大兄皇子が詠んだとされる歌が、『古今和歌集』（九〇五年編）にでている。

朝倉や　木の丸殿に我おれば　名乗りをしつつ　ゆくは誰が子ぞ

一〇世紀初頭に城郭のものらしい「丸」が現われている。朝倉の宮は臨戦体制の城塞的な機能を備えたものと思われる。「木の丸殿」は、丸木を組み合わせたものだと解説されるが、それはポイントのずれた見解で、機能上の「マル」のことである。城郭の丸は、中世、戦乱の時代には城全体をまるく小さく築くことで、防塁線を短く城内の面積を広くとり、守備兵がなるべく少なくて済むように全体を円形に造った。「円形の徳」という縄張りの特徴から曲輪の名称が出た平面上のマルである。しかし、城の原点は山城にあって、尾根上の突起（峰）を防御拠点、すなわち「マル」とするもので、円形にはかかわりがない。木の丸殿は、木の高殿で、城郭の象徴としての櫓であった。後には天守閣になる。垂直のベクトルを持ったものである。この原型は三内丸山遺蹟、吉野ガ里にあるのではなかろうか。吉野ガ里では既にマルと呼ばれていたかも知れない。

木の丸殿を堂々と出発していった倭の軍団は、白村江の戦いにおいて新羅・唐の連合軍に敗退する。『旧唐書』は「四たび戦って捷ち、その船四〇〇隻を焼く、煙、炎天にみなぎり、海水皆赤し」。一方、『日本書紀』も「須臾の際に官軍敗績し、水に赴きて溺死するもの衆し、艫舳旋すを得ず」。倭兵の死体は白馬江の下流を埋めた。こうなると唐・新羅の日本への進攻は時間の問題だ。大和政権は慌ててそれに備えて九州から瀬戸内にかけて防御用意の山城を築いた。この築城に威力を発揮したのが、百済から一緒に逃げて来た将軍たちだった。『書紀』によれば天智四年（六六五）八月に達卒《タルソル》・答㶱春初を遣わして長門の国に城を築かしめ、次々に達卒を各地に派遣して倭百防衛ラインを引く。達卒は百済の官位で、なぜ達かといえば、当時の城は山城だったから、山にかかわる官が「達」である。日本流にいえば「山部」だ。西洋でも山をｂｅｒｇといい、城と都市をｂｕｒｇというのは、洋の東西を問わず昔は、城は山城だった証拠である。

写真26　城郭のマルの原型

　彼らが造った城は優秀な版築技術をふんだんに取り入れた、朝鮮式山城であった。往時の山城は山の尾根を取り込んだ長大なもので、尾根上の突起こそは地形用語からいってもマルであり、防御拠点でもありうる。現在確認されている佐賀県の基肄城も西峰と東峰の間の谷を囲む総延長三・九キロの土塁や石塁で連結し、西峰最北端の高地は主要防塁として、土塁が周囲を巡って厳重な構えを見せている。岡山県吉備地方の鬼ノ城は、標高四〇〇メートルの山上に城壁が二・八キロにわたって鉢巻き状に築かれ、東西南北に城門と水門を備えている。城内の面積は三二万平方メートルもある最大級の山城だ。防塁線の拠点はピークを削って平らにしたもので、これこそマルである。この城は日本側の正式な記録にはひとことも触れられてないから、誰が造ったのかわからない。ただ、この地域は昔は加夜郡と呼ばれたので、伽耶から渡来して早くから定着していた人々が、新羅の侵攻から自らを護る為に、倭の朝廷とは別に、自力で建設したものだと思われる。山麓から二六基の製鉄炉が発掘されている。この山城については第二部プルガサリの項目で詳しく説明する。

人名のマル

　マルは高くそびえるから人名の美称、身分を表わすのに用いられる。大阪外語大客員教授であった金思燁氏の『古代日本語と朝鮮語』（講談社）によると、郷《ヒャン》札《チャル》様法で「宗、上、首、頭、夫」がマルに宛てられるという。現代の『韓漢辞典』でも、宗の朝鮮訓にマルが見える。朝鮮側の毛末《モマル》が、『日本書紀』の神功皇后紀には「毛麻利叱智《モマリシチ》」のマリとして現われる。新羅の金石文・「真興王拓境碑」（五六一年）にも、竹夫、春夫が刻まれているから、日本人が三木武夫のように男子の名前に「夫」を使うのは、マルに起源が求められる。また、高句麗の官職名には莫離支《マルチ》、新羅の王号には麻立干《マリプカン》がある。古代日本人の美称たる麻呂、麻利もその流れを汲んだものだ。マルコ山古墳も、麻呂子山であったようにマル、マロ、マリ、モロ、モリは簡単に転音してしまう。朝鮮半島から渡来した人達の子孫が、左備ノ大麻呂や柿本ノ人麻呂のようにマル系の美称を使って、それがファッション化して広く一般化された。時代が下がるにつれて借音式の麻呂から丸に置き換えられ。一例として室町時代の初期に、北畠親房によって書かれた『神皇正統記』は、麻呂を全部「丸」にしている。この本で思い出されるのは次の一説である。「異朝の一書の中に、日本は呉の太伯の後裔也といへり。返すがえすもあたらぬことなり。昔、日本は三韓と同種也と云ふことありし、かの書をば恒武の御世にやきすてられしなり」とあって、どうやら、この時代は日本が三韓と同種なりといっても、特に抵抗なく受け入れられたらしい。

奈良県天理市石上神社に伝わる、奇妙なかたちをした一振りの刀がある。金象眼の文字が次のように刻み込まれている。

(表)　泰和四年五月十一日丙午正陽　造百練鉄七支刀　以辟百兵　宜供侯王　□□□□作。

(裏)　先世以来未有此刀　百慈王世子奇生聖音　故為倭王旨造　伝示後世。

故為倭王旨造

制作年代に疑問が残るが、現在では中国の北魏年号の太和四年（四八〇）にあてる説が有力になっている。銘文の意味は、「鍛えに鍛えた鉄で七枝刀を造った。これで敵兵を破ることが出来る。侯王に差し上げる。百済王及び世子の奇生聖音は倭王の為にこれを造った。願わくば後生まで伝えられんことを」と、百済から献上してきたとする説。一方では侯王は諸侯なみの臣下にあたる表記だから、献上ではなくて下賜されたとする説がある。この旨を身分としてのマルと読めば、百済から侯王の旨《マル》に下賜された刀ということになる。『三国遺事』にも、新羅の花郎（騎士）を率いた竹《テ》旨《マル》などの名前が出てくる。

12　古代日本の山は、朝鮮語と同源である

これまで、紆余曲折しながら、朝鮮語における山の表現を見てきた。山の表現にはふた通りあって、一ツがモリ・マル系で、もう一種がタル系である。タル系は済州島の達山峰、山城を築いた達卒のところで述べたもので、この説明は省いて、モリ・マルが音韻学的にどのような変化に耐えるかをまとめておこう。

朝鮮語の公式

모리《モリ》（mori）頭、山、森　　마리《マリ》（mari）首、麻利
마루《マル》（maru）峰、山　　마로《マロ》（maro）麻呂
모로《モロ》（moro）山　　무로《ムロ》（muro）室山
무레《ムレ》（mure）山

ただ、実際の音をカタカナで表記しようとしたら、タクモリがタクマルであったり、もっと複雑な変化を遂げているはずだ。特にラリルレロの入れ代わりは激しく、受ける日本列島側も御同様で、民話の「古屋の漏《も》り」が「古屋のムル」になることなどは朝飯前だ。はたして、右にあげた朝鮮語の公式に日本の山名接尾が対応できるかどうかを実験してみよう。

（モリ）

（モリ）は東北・四国地方に▲▲森、▲▲ガ森、▲▲ノ森と名付けられた山が多いので、充分に対応している。漢字で守、盛、母里などが当てられるけれど、日本語は往々にして漢字を発音記号としてつかっている。例えばアイヌ語地名みたいなものだ。サッ（乾燥した）・ポロ（平原）を札幌と書くがごとしである。それと似たようなものだと考えればよい。現在でこそ、▲▲森と書いているものが多いが、もともとは▲ガ森、▲ノ森と助詞が入っていたはずである。中には、森の下に山をつけて▲▲森山というのがあるが、この件については、重箱の法則として話をする。

（モイ）

（モリ）から変化した（モイ）だが、これは、朝鮮側では、現在でも明確に、墓＝山、山＝墓が定着している。辞書にあたっても（뫼）《モイ》は墓の意味だと明記してある。昔の日本も、まったく同じ思想であったが、現在では、「そういえば墓場はお寺の後の山にあるよね」程度で、薄れてしまっている。単純に音だけでさがせば、モイドンがあったり、モヤ山があったりするけれど、モリから音がズレたものである。

（ムレ・ムロ・モロ）

を考えると、『日本書紀』は、朝鮮で城が築かれた山の情報として、谷那鉄《コクナテツ》山《ノムレ》、帯山《シレロモロ》、古《コ》沙山《サノムレ》、辟支《ヘキノ》山《ムレ》、都々岐《ツツキ》山《ノムレ》、荷《ニ》山《ムレ》、居曽《コソ》山《ノムレ》、怒受利《ヌスリ》山《ノムレ》、任叙利《ニサリ》山《ノムレ》のように山をムレと読んでいる。一般的に朝鮮語から日本語に転移する場合は、鯨がKorari kudira、谷がKor Kuraになるように、「o」が「u」に変化するので、moriがmureになるのと同様に、ムレ系の山が日本全国に散らばっている。熊牟礼山、角《とが》牟礼山、於兎牟礼山、猪牟礼山、栂牟礼山、中津牟礼山、花牟礼山が大分県に集中している。他に目に付くところは、神奈川県の丹沢山塊と、それに接続する山梨県の上ノ原付近に分布している。ただ、大群山、殿群山、大勢籠《ムレ》山、小武連山などと色々な文字が宛てられるが要するにムレが山で、その下に山を付けるのは重箱の法則で説明出来る。この神奈川、山梨のムレの群落は、山頂に祭られた権現が見通しの利くピークへと次々に分布して行く経路が復元出来る。大勢籠、あるいは大牟礼権現は竜神だともいわれるが、それは後に考えられたもので、ムレが山の意味であるから、最初は単なる山の権現という程度であった。まず、丹沢の大群山（大室山ともいう、一五八七メートル）が神奈川側にふたつの前権現を派生して、末端は織田信長が殺される二年前の天正八年（一五八〇）に、御殿場線山北駅近くの大室生山に到達する。末端は山の形状から丸山の名前まで持つことになる。

山梨側のムレ山は江戸時代後期の『甲斐国志』によると、ムレの盟主（一三一一メートル）の山を王勢籠と書いてオオムレに読ませているが、そんなややこしい文字を遣わずに、今では権現山として親しまれている。

『日本書紀』の雄略天皇四年に、「大和なる鳴武羅《オムラ》のたけ」が出てくるが、『古事記』では、「み吉野の哀牟漏《オムロ》がたけ」とあって、すでに朝鮮語と同じでムレ、ムロとラ行があやしくなっている。『日本書紀』の斉明天皇四年に出てくる「今来なる乎武例がうえに雲だにも　しるくしたたばなにか嘆かむ」などは、いかにも、古来《フルキ》に対する今来《イマキ》（新渡来人）と外来語系と見られるムレが並列で生きている。東京都三鷹市の牟礼は、玉川上水近くの神明山という丘から発生した地名である。その他、新潟県の牟礼山（六一六メートル）、草津市の牟礼山、山口県の牟礼山（六三一メ

写真27　現在の三輪山は、昔は「御《ミ》諸《モロ》」と呼ばれていた。

ートル）、鹿児島市の牟礼ガ岡（五五二メートル）などが目に付く。たしか、江戸時代の俳人・小林一茶が故郷の信州から江戸に出る時、父親が牟礼峠まで見送ったはずだ。典型的な大室《オオムロ》山といえば富士山西側の寄生火山（一四四七メートル）、長野県上田駅東一〇キロにある烏帽子岳の寄生火山（一一四七メートル）、伊豆天城山の寄生火山（五八〇メートル）でいずれも円頂、円錐状の特徴を持っている。そんなことで室とつく山は円形だというイメージを与える。あきらかにムレの語尾の変化である。

（モロ）

（モロ）については、奈良県桜井市の三諸山（三輪山）が思い出される。モロ自体が山の表現だったものが分からなくなって、「諸」の漢字が宛てられたので、どうしても接尾に「山」が必要になった。埼玉県の毛呂は山だといわれている。要するにモリは簡単にモロになってしまう。

重箱の法則

埼玉県秩父地方に妻坂峠がある。鎌倉時代、畠山重忠が鎌倉の源頼朝に挨拶に出掛ける時に、妻と別れを惜しんだ峠だといわれている。しかし、考えて見たら、ツマ、サカ、トウゲは、いずれも「坂」の意味である。ツマに妻の漢字が宛てられたばかりに、秩父地方で人気の高い畠山重忠が登場して妻との別れを惜しむ。坂を登ったところが峠なので、三段重ねの見事な伝説が出来上がったのである。朝鮮語でいえば（サン、ボン、ウリ）（タル、サン、ボン）（メ、プリ、ボン）高千穂の（シ、フル、タケ）みたいなものだ。例えば黒森山を考えると山の名前である「黒」、それに接尾のモリ（山）であったものが、黒森が語幹に考えられて、それに山が付く。分解したら、黒山山で山の重箱読みである。御岳山、大峰山なども岳・山ともに接尾であって重箱読みだ。大森と大森山も同様だ。顕著なものは、次に説明する丸のつく山に見られる。袈裟丸山というのがある。実は、この中の「丸」は（마루）で山のことである。丸は形容詞だから、接尾にもってくると具合が悪いので、当然、袈裟丸までが固有名詞として最後に山をつける。正しくは袈裟ノ丸である。

マル

旨（마루）の文字でマルと読ませることを、何回も説明した。これを日本地図に落として行くと、一番顕著なところが、神奈川県の丹沢山塊、山梨県の大菩薩山塊だ。丹沢ブロック図は五万分の一で言えば「秦野」「山中湖」「上野原」にまたがる。大体、二二箇所くらいの丸のついた山名が採取出来る。この地図によっては向山ノ丸が向山ノ頭に、裸山ノ丸が裸山ノ

写真28　檜洞ノ丸と大群（牟礼）山（撮影・植木知司）

頭に変わったりするから、丸と頭は同じく山のピークということを証明している。「秦野」の名前が示すとおり、昔から機織り技術の盛んなところで、古代から朝鮮半島からの渡来人が入植した痕跡が認められるとはいっても、山の丸が古代からのものかどうか分からない。古くから里言葉として使われていた傾向、名残だろう。

　丸の性格がどのようなものであるか、一番説明に適しているのが、丹沢主稜に一六〇一メートルを数える大きな峰、「檜洞《ひのきぼら》丸」である。山容が丸いから丸がついたといえばそれまでだが、それなら日本中の山はみんな「丸」と呼ばれてもよさそうな格好をしている。山名には方向性があり、見る角度によって名前が違う。檜洞の名前は、北の道志側にむかって流れている沢の名前で、やはり北側からは青ガ岳、「彦衛門谷ノ頭ノ丸」がかぶせられている。彦衛門谷という沢の「頭」。それに重ねて「丸」が付けられる。まさに接尾の重箱である。しかし、丸は後から入って来た山を表わ

写真29　文字どおりの丸山

す言葉だということはわかる。例えば外国語の慣用として日本橋を日本橋ブリッジ、つまり、橋とブリッジを重ねるがごとしだ。

「檜洞丸」は反対の神奈川県側、つまり南からは本棚裏と呼ばれた。このウラは朝鮮語のサン・ボン・ウリの「(우리《ウリ》)」で考えようとしたが、ウリは机で高い場所になるけれど、本棚は沢の中の棚だから、日本語の先端、末端を表わすウラである。やはり山頂をウラと呼ぶのは、沢の先、先端が山頂であるからだ。山の名前の一番素朴なものは、「沢の名前を冠したもの」といわれるゆえんでもある。登山路がないところは沢沿いに登られる。『万葉集』などに、コヌレという言葉がつかわれているが、木の末《ウレ》で枝先のことである。川の上流も先端だからウラという。愛知用水の上流のダムをウレ（末）ダムというのはこれで、宇連と書かれるのは当て字である。海のウラ（浦）も大洋の末端だと考えれば理屈にあう。このウラには時として峰の字があてられたり、裏の字が宛てら

れたりする。秩父地方の浦山もそうである。ウラ・ウリ・ウロとラ行は自在に訛る。

前後するが、丸山と▲▲丸山とはどう違うのだろうか。丸山のように丸が語幹となる山は形状が丸い山である。▲▲丸山は接尾の丸と山は重箱で▲▲が語幹になるので、本来は▲▲ガ丸とか▲ノ丸で、語幹と接尾の間に助詞が入る。袈裟丸山で分析したごとく袈裟ノ丸山だ。語幹が袈裟で、接尾の丸と山は重箱であるから、あくまでも袈裟ノ丸、袈裟ヶ丸でなくてはならない。

もう一ヶ所、丸のピークが集中するのが、大菩薩山塊の南部、小金沢連嶺である。ここの特徴は太陽信仰に深く彩られていることだ。一七二五メートルを数えるハマイバ（破魔射場）丸がある。正しくはハマイバの丸である。破魔矢という言葉があるように、男子の節句の贈物や縁起物として扱われているが、古くは農耕や狩りの吉凶を占った。だが、その根本は、的《ハマ》は衰えた冬至の太陽で、それを射落して新しい太陽を復活させる、太陽信仰の呪術である。それを証拠だてるのは、鎮西ガ丸と呼ばれた小金沢連嶺の最南端の滝子山だ。昔は里人がオテントウ様の誕生日と称して、山上から太陽を拝む風習があった。さらに山頂から西南に張り出す尾根に一四八二メートルの浜立山があることだ。海が見えるから浜立だという説もあるが、そんなことはない。ハマは的、つまり太陽で、ここに的を立てて弓で射たのである。鎮西ガ丸は、弓の名手・鎮西八郎為朝をイメージして付けられた山名だ。この小金沢連嶺の北部、雁が腹摺山付近に姥子山一五〇三メートルがある。昔は正月一七日に山麓の住民が白木の弓を山の神に供え、二十一日のオカンムリ落としの日に、天に向かって矢を放ったといわれる。大菩薩南部は天に向かう丸が点々と繋がった修験の道だったらしい。あえていえば、山梨県一帯は、朝鮮半島からの渡来人がたくさん住み着いた土地柄でもある。

朝鮮半島でもそうだが、旨は山のマルの意味だけではなく集落に付けられたものがある。金沢庄三郎も中旨《チュンマロ》洞、晩旨《マンマル》洞などを挙げている。済州島でも鳥旨《カクイマル》、黄鶏《ファンケー》旨《モル》など多数が採取された。中には霊旨のように旨はヂで発音されるものがある。済州島十一枚の陸測五万分の一図の中の一ヶ所に、大里という村があった。音読みならテエリだが、訓読みなのでクン（大）マルとルビが振られている。朝鮮語の村はマウルで、クンマウルのマルと似ている。マウルと旨（マル）の混同があるのではないかと疑って見た。日本式の地図を作る作業の途中で、混同してしまった可能性もある。地図の調査範囲を朝鮮全土に拡張して見ると、長礼里　斉里、官里など村をマルと発音させる地名が数限りなく出現した。朝鮮語の集落は洞、浦、火、坪など古来から五〇種類になんなんとするが、新羅では城のことを健武羅と書いている。一九八八年に発見された蔚珍郡の新羅・法興王十一年（五二四）の巡行碑にも、居伐牟羅《コボルムラ》が出て来るから、日朝ともに村は同義語だったのかも知れない。

集落の丸

対する日本側でも特に注目したいのは、丸という集落がかなりあることだ。薬師丸ひろ子は、出身の村の名前をとったものだといううし、東京都の奥多摩地方には白丸という場所がある。丸の付く集落名は、鎌倉時代に地主の名前（例えば太郎丸など）を付けたものが残されたという説がある。鎌倉時代では新し過ぎて古代までは遡れないが、静岡県の奥深くに、直径二丈、高さ二〇間のボタンが咲くと伝えられる京丸の集落には、寛正五年（一四六四）十一月の銘が入った阿弥陀仏があるというから、もっと昔からあった集落らしい。北九州の田主丸なんかは相当に由緒がありそうだ。『地名語源辞典』を開いて見ると「ほぼ丸く一角をなした地形に名付けられたものか？　何々丸と言う地名が全国に分布している。その主なものを」として、次郎丸、三郎丸、四郎丸、五郎丸、千代丸、節丸、子犬丸　持丸、星丸、金丸など九十五例がひかれている。この他にも、無数の丸集落があるから、これを地域別に分類しても意味はないし、年代的にもどのくらい遡り得るか分からないが、一応の傾向くらいは摑めるだろう。

九十五を百とした分布を計算して見ると、北九州の福岡県だけで二三パーセントを占めた。その他の九州地方が一四パーセント、九州全域だと三七パーセントにもなる。二位が北陸地方の一九パーセントだ。それにしても、傾向が「筑紫より初めて」の福岡県に集中しているのは面白い。マウルとムラの中間としてのマルがあったようだ。

13　モリの正体

平安の昔、清少納言は「森などといふべくもあらず、ただ一木あるをなにごとにつけけむ」と、きわめて今日的な疑問を抱いた。私は、子供の頃から、故郷の山々を見て、泉ガ森というけれど立派な山だ。山をどうして森と呼ぶのだろうと思っていたから、彼女の疑問に同調を覚えた。と同時に万葉歌人、大伴旅人の、「験なきものを思はずば一杯の濁れる酒を飲むべくあるらし」を思い出した。清少納言より数百年も昔の人々も、心は、今日の私たちと少しも変わらないのだ。そして、『万葉集』にあらわれるモリと呼ばれる神社。

モリの音を聞く

真間の手児奈の話、浦島太郎の話も、その時には既に、昔々のその昔と語られているのである。一本のモリの秘密も同じように昔々に答えがあるに違いない。

現在でも一本の木の祟りを恐れる事実がある。一九九八年四月一〇日の『朝日新聞』に、ＪＲ中央線甲斐大和駅ちかくの諏訪神社にそびえる神木が伐採されない記事が出ていた。以前に枝を伐った作業員が次々に変死したという理由からである。信州の遠山地方では、このような木を「モリ木」といって恐れた。木だけではなく、東京の羽田空港近くの穴森稲荷の鳥居。皇居近くの将門の首塚など、今にいたっても触れたくないものがある。

『大漢和辞典』の「森」にあたって見ても、シンの発音だけで、「モリ」の発音はない。恐らく、モリという発音が、木の繁った処にかかわるものとして後から付けられたらしい。例えば、川の接尾語としての「沢」の分布は、フォッサマグナ（大地溝帯）を境に 東日本にだけなのに対して、「谷」の分布は西日本にだけ分布して、東日本にもかなり進出している。（『森林の思考・砂漠の思考』ＮＨＫブックス、鈴木秀夫）。東アジアでは古語として谷を表わす旦《タン》、屯《トン》、呑《トン》を使っていたところは、朝鮮半島だけだ。谷のほうが東に進出しているのは、朝鮮半島から入った西の文化が強かったせいであろうと考えられる。

例え、卑弥呼の耶馬台国が大和地方に発生したとしても、文化は朝鮮半島からの影響を受けやすい西から伝播して来ていることは確かだ。植樹神話に出てくる「筑紫より初めて」には意味がある。モリの音を捜すと東アジアでは、日本以外には朝鮮半島にしかない。まず、山をいうｍｏｒｉがあって、（ｍｏｉ、ｍａｒｕ、ｍｕｒｅ、ｍｏｒｏ）などに変化しながら日本列島に入って来る。朝鮮語の側から見たら、これが日本列島に入って山の意味から樹木の生い茂る平地の森になったと解釈している。日本側から見ても、森、丸、牟礼、群、諸、室が存在して、しかも、歴史上、朝鮮半島や信仰にかかわりの深い部分に登場しているのである。

神奈備《カンナビ》・神籬《ヒモロキ》の秘密

朝鮮半島では山に神を祀る現象が強く、先祖の霊を祀る墓も山の上に築く。朝鮮語では「山」と「墓」は同じ言葉で（뫼《モイ》）である。このモイもモリから変化したもので、朝鮮半島の地名が、統治を目的とした日本人好みに変更される以前の例として『韓国古地名の謎』に次のようなものがある。漣川に加夷墓（カウモリ）と呼んだ場所があったが、葛畝里（カルモニ）に変化してしまった。また、朝鮮半島では墓は山所とも呼ばれた。山岳は霊魂の永住する聖地であって、天から山上に降りた神は神木に宿ると信じられ、山神を祀るには自然に生えている一本の木を選んで、それを山の神の神木として祀った。また、岩石にも峠にも神が宿ると信じられ、あたり一面に小石がうずたかく積まれて神域をなしている。（『記紀万葉の朝鮮語』六興出版　金思燁）

祖先の霊は山に篭もり、天上の神は木や岩石を依代として山上に降りてくると信じられていた。このような信仰は世界的にも同じようなことがいえるが、日本列島と朝鮮半島も同じである。一本のモリ木の原点はこのあたりにあるはずで、清少納言が目に留めた森は、こんな森だったのかも知れない。『続日本紀』の天武天皇の時代に、葛城山に篭もった、役の小角という験者の話が出て来る。彼は当時のシャーマンで、山の神を操ることができる存在だと信じられていた。これが伝説化されて修験者の開祖といわれるようになる。『万葉集』の「あしひきの　山ゆきしかば山人の　我に与しめし山土産ぞこれ」「あしひきの　山に行きけむ山人の心も知らず山人や誰れ」

は、彼らの存在を詠んだもでである。神、すなわち祖霊のいます山の木はみだりに伐らないから森に茂る。神社をモリというのも同じことである。神を祀るモリ、神社のモリを表現する「神奈備」という言葉がある。こんもりした秀麗な高みだ。その語源を金沢庄三郎は、朝鮮語の神（가《カ》무《ム》）と木（나무《ナム》）、つまり神木だと説明している。これに対して李炳銑教授の『日本古代地名研究』は神（가무）、奈（나）は朝鮮語（の）で、備についてはｂとｍは交替してｍｉ（미）になって山をいう。つまり、神奈備は「神の峰」で、神話の原点たる神が降臨する峰、つまり亀旨峰、久志布流多気と同じ意味になる。金沢説の神木も同じことである。

　ｂとｍの対応関係は日朝ともに共通で、日本語でいえば「寒い」の「さぶい・さむい」「紐」の「ひぼ・ひも」。「美」の「び・み」、無の「ぶ・む」などで、その例にはこと欠かない。朝鮮語側の山のｍｉ（미）に付いては、ｍｏｒｉ（모리）から変化したもので、ｍｏｉ（뫼）ｍｅ（메）ｍｉ（미）に変化する。以前にも、『現代朝鮮語辞典』には、山は純朝鮮語と漢字語を併せて（メ・サン）で掲載されている、と述べた（メ）の部分だ。

　次に「神籬《ひもろき》」について、もっとも的を射ていると思われる藤井貞幹の説によれば、「後世の神祠。仮に用いるの意。比毛呂岐と訓ずるは元新羅の辞にして、それを仮りて用いるなり」としている。つまり、そこに祀る人物の代わりに鏡を祀るようなものである。確かにその通りで、「ひ・もろ・き」が神域を表わす場合は、「ひ」は霊力で、「もろ」は山、「き」は城で城の原型をいっている。

　神社の原型を朝鮮半島に見ると、ムラには一定の神域があり、そこには神樹と築石（堂山）があって禁縄を張る。前著『日本山岳伝承の謎』の一四ページにも掲げたこの写真は、一九九七年

写真30　朝鮮半島に見られる神社の原型（撮影・堀田泰寛氏）

における忠清北道清原郡文義面文徳里の風景である。ダム工事で水没直前の姿を、福島の葉山篭もりを撮影しながら沖縄を感じたという堀田泰寛カメラマンが、撮影してくれたものである。

神宮のはじめは朝鮮半島にあり、新羅の初代王赫居世が死ぬと西暦六年に宗廟が作られ、これが六〇八年に神宮になった話をした。これに春秋二回の祭りを行なう中国儒教の影響など様々なものが加わって、日本の神社は形を整えて行く。

大卵の思想・瓢の思想

一九八三年の『日本山岳伝承の謎』を書くとき、ソウルで民族学の金泰坤博士と（マル）の話をした。その時、博士は綺麗な円形を描いて、マルは山であり、頭であり、円であって天を写したものであると強調した。天を至上の神とする中国の思想は、儒教の『論語』によって日本に伝えられたが、北方系の朝鮮民族は、もともと天を仰ぐ

写真31　現代の朝鮮半島の墓

天神信仰を持ち、日朝とも死者の霊は山に篭もる共通の思想を持っていた。もし、朝鮮語のモリ系のマルに円形の意味が込められているとしたら、丸すなわち（グァン）の倭訓「まる」は、朝鮮語から来たことになる。『韓漢辞典』の「丸」を引いてみると（알《アル》환《ファン》）とある。ファンは漢字のグァンを写したもの、（알《アル》）が朝鮮語訓の卵である。伽耶の金首露王も卵から生まれ、新羅の開国神話も天から白馬が紫色の卵をもって降りて来て、中から生まれ出たのが新羅の初代の王・朴《パク》赫居世《ヒャッコセ》である。別名は閼智《アルチ》、即ち卵主《アルチ》で、日本古語が「生《ア》まれましし」となるのは朝鮮語の影響だ。朝鮮語で空をいうハヌルを分解したらハン（大）アル（卵）で大卵、大きな円になる。済州島の漢拏《ハンラ》山はハヌル山で天の山だ。慶州市の天馬塚古墳からは二〇数個の卵の殻が出て来た。新羅の王冠は、山の文字を表わして、王は天から山に降る証拠を見せ

てくれる。そして、天から樹木に降りる思想を表わすのは、日本におおきな影響を与えた大伽耶出土の金冠である。

日本の出雲大社には、魂の容器は瓢形だという伝承があり、古代日・朝ともに天は瓢形や卵形をしているという考えがあった。よく知られた朝鮮の姓にパクがあって、これは瓢のパクから来ている。民族俗学の谷川健一氏は、天にかかる枕詞の「ひさかた」は瓢《ヒサゴ》形だといっている。そうすると新羅の李氏の先祖が瓢岩《ヒョウガン》峰に降りてきたというのもうなずける。現在でも朝鮮半島の墓は、小さい山形をしている。そして、古墳も円墳で円い卵形の美しさを保っている。三世紀末から四世紀初頭にかけて、突如として日本列島に出現しはじめた前方後円墳は、上空や側面から見れば瓢形に見える。更に、後円部分は完全な円形の丘陵だ。つまり、古墳の形は死者が魂の容器から再びよみがえるようにとの願望が篭められ、モリ山のような円形の山や二上山タイプが崇拝されることになる理由もここにある。台地を表わす前方部と、天空を表わす後円部をコネクトさせた宇宙観の造形で、垂直のベクトルをもった大王の葬地としてもっともふさわしいものといえよう。

高千穂の峰とは古墳だ

新羅のソシモリや伽耶のクシボンのように、天から神が下る場所はけっして険峻な山ではありえないから、高千穂のクシフルタケも神奈備形のうつくしいモリでなくてはならない。古墳か同等の小山だ。日本に残存する「モリの山」もみんななだらかで優しいスタイルで古墳と同じである。では、モリ系の言葉が日本列島に入って来たのはいつ頃だろうか。国内最大の環状列石群といわれる、秋田県鷹の巣町の脇神伊勢堂岱遺蹟では、墓地は堀によって聖域と俗界に分離され、墓穴に土を盛った形跡がないのは、魂の抜け穴を塞がないようにという、輪廻転生が信じられていたらしい。各地の遺蹟では死者の頭が象徴的な山に向けられる例も見られる。

日本における樹木信仰、祖霊が山に篭もる信仰は、縄文の昔から伝えられて来たものに違いない。このモリが言語として山にかぶせられたのは、稲作が拡がる弥生時代、丁度、谷の担《タン》・屯《トン》・呑《トン》の流入と同じ時代ではなかったろうか。伝播ルートとしては、既に、遠賀川式土器と亀ガ岡式土器の交配によって稲作ルートが北に伝播して行ったのと同じに、東へ東へと伝播して行き、東

写真32　日本の前方後円墳

写真33　鳥居を持った墓（高野山）

北地方の顕著なモリの山を形成して行ったはずである。三世紀から四世紀にかけて前方後円墳が出現するに及んで、モリは重要な意味を持ってくる。神社が祀られる位置には、何か基準があったはずで、かってにそんじょそこいらに祀っものではあるまい。神社と古墳は近いところにあるのが実感で、葬地が基準にされたふうがある。その意味からいえば古墳や墓地に鳥居を建てるのは理にかなっている。天ツ神の子孫である支配者にとって、由緒正しい葬地はモリであり、国ツ神の子孫の墓もモリである。朝鮮半島では禁縄、日本列島では注連縄と呼ばれるが、これは締め切る意味で神社の杜（閉ざす）と同じなのである。

沖縄のモリは、本土の王権思想の強い影響を受けているので、これは本土の支配階級のモリの性格を写す鏡である。祖先の霊だから、船霊を祀るモリが海の上にあろうが、一本の木であろうが、山であろうが格別に珍しいことではない。ニソのモリ、ハヤマのモリ、モリの山信仰、モイドン、モリの権現など皆、同じなのである。清少納語が目をとめた一本のモリ、山のモリも同じだというわけだ。

西暦二〇〇〇年三月三日、禊浴の朝、「なぜだろう。なぜだろう」と思っていたことへの答えを出して、この部を終わりにする。朝鮮語で旨、棟、宗を「マル」と呼ぶことと、日本語で旨、棟、宗を「ムネ」と発音することには何か関連があるに違いないと思っていた。この部では朝鮮語の解説を簡単にするために、山の古語を（モリ、マル）から始めたが、実際には上古代の山嶺の原義は（ᄆᆞᄅᆞ　マラ）にある。山嶺は高く聳えるから、身分をあらわすのにも都合がいいので人名にも使用される。つまりマラから、（マル　モリ　モイ　ムネ　ムレ）などに変化する。ムネと読むのは山嶺の一表現で、朝鮮語から来たものと思われる。もちろん、屋根の棟は、形容から峰・嶺にも繋がって行く。第二部「プルガサリ不可殺」の項目で、鍛冶屋の頭目「真浦《マラ》」が登場するが、これこそ、山嶺の原義「マラ」でないと解けない謎なのである。それにつけても、藤井貞幹の『衝口発』の「日本紀を読《よま》ば、先此国《まずこのくに》の事は、馬辰《ばしん》の二韓よりひらけ、傍《かたわら》弁韓《べんかん》のことも相まぢはると心得、それを心に忘れず読ざれば、解しがたし。古来、韓より事起りたることを、掩《おお》いたることをしらず。比国きりにて、何事も出きたると思ふ故、韓の言語を和訓とす。様々な説を立、終に其意を得ることなし」(日本古代史と朝鮮文化)は冷静な判断だと思う。

第二部　金属伝承を追って

1　生きていた伝承

現われた神の残滓

『日本書紀』に登場する「一ッ目の神」の残滓が突如として出現した。場所は埼玉県飯能《はんのう》市赤沢にある星宮神社の絵馬の中にである。この絵馬は江戸時代末期、日米和親条約が締結される一年前の安政三年（一八五六）に奉納されたもので、刀鍛冶の姿が描かれている。大きな特徴は小槌を振り上げた宗匠の右目に黒目が書き込まれていないのである。早くいえば一ッ目だ。

鍛冶屋が一ッ目であるという伝承は日本だけではなく、ギリシャ神話でも鍛冶を打つのは一ッ目の巨人だ。舞台は回って、日本の開闢神話では、天孫ニニギの命に率られて、たくさんの職能の神々が高千穂の峰に降りて来る。『日本書紀』は「天目一箇神《アメノマヒトツ》ヲ金作者」、つまり金属精練の神は「目が一箇」だと紹介している。これは事実と考えてよい。なんとなら、イタズラが過ぎたスサノウが高天原を追い出された時に連れていた息子のイソタケルは、木種をたくさん持っていながら、「韓国《カラクニ》には植えずして、筑紫より初めて大八島を緑となさざるなし」、つまり日本にだけ植えたというのだ。この話は、花崗岩質の朝鮮半島では、日本にくらべて禿げ山が多いということを知っている人間が語った話だ。それと同じで、金属精練業者は一方の目が悪いことを知っている人が語った話に違いない。ただ、実際には一つ目の人間などはいないから、星宮神社の絵馬に現われるように、片目が現実の姿なのである。『日本書紀』が書かれてかれこれ一三〇〇年ほどになるが、その悠久の時の流れを経て、天目一箇神の残滓が飯能市に現われたことになる。前作の『日本山岳伝承の謎』の表紙には、東京都奥多摩にある御岳神社の宝物、神楽の鍛冶面を飾った。これも明らかな一ッ目の神の残滓だが、今回の赤沢・星宮神社の鍛冶絵馬は、一段と生々しさを漂わせている。特に鍛冶屋が片目で、鍛冶作業のただ中だという直截的な表現は珍しい。

それはさておくとして、この発見場所が飯能市であるということは、それなりの根拠がある。私たちは、ある不思議な糸に導かれて、一ッ目の神の残滓に遭遇した。ここに至る長い道程の話をしなければならない。これからお話するストーリーの中には、金属にかかわるいくつかの不思議な公式が潜んでいる。その公式をみなさんが住んでおられる地域に当てはめながら読み進んでいただきたい。恐らく、同じような現象が各地で発見され、地域にまつわる伝説の謎が解明出来るはずである。

タタラの頭

一本の不思議な糸は「タタラの頭」という峰から発せられていた。私は二〇年にわたって、このピークにこだわったばっかりに、五〇〇年以上も隠されていた歴史の闇に引きずりこまれ、時には鎌倉武者の亡霊に追っ掛けられ、鍛冶屋の幻まで見るようになり、伝承は生きていることを知った。その二次元の空間は、埼玉県飯能市とその奥にある名栗村一帯で、国土地理院五万分の一図なら、「秩父」と「川越」の中におさまる。ただ、一般の人々が使用しやすい俗称がたくさん書き込まれている山と高原地図「奥武蔵・秩父」（昭文社）の方が、話をすすめて行く上では都合がよい。そのハイキング地図の右下、つまり南東に目を落として、入間川の上流を辿っていただきたい。入間川は飯能市を境に、それより上流は名栗川と呼ば

写真1　タタラの頭

れる。

付近一帯は、歴史的にも魅力あふれる地域でもある。『続・日本紀』によれば、霊亀二年（七一六）に東国にちらばった高麗《こま》人（高句麗）一七九九人を集めて高麗郡が置かれた。その中心は現在の日高《ひだか》市、高麗本郷のあたりだ。有力な武士団「武蔵七党」の一つである、丹《たん》党が平安時代末期に根をおろしたのも飯能一帯だ。時は流れて徳川幕府崩壊の寸前、慶応二年六月に名栗村から興った世直し一揆は、またたく間に江戸近郊に達するほどで、後の秩父事件の先駆けをなすものであった。明治維新には幕府方の振武軍が、官軍に対して最後の抵抗を試みた「飯能戦争」の舞台でもある。関東平野を流れる入間川は、飯能市から上流を名栗川と呼ばれる。江戸時代には流域から材木を伐り出し、筏に組んで江戸に運び、江戸の西の方から来る良質な木材なので、西川材と呼ばれて有名であった。しかし、それは江戸時代のことで、名栗川流域は山地が迫り、耕地に乏しい石畑地帯で農業だけでは食えない。鎌倉、室町時代の人々はどんな生活をしていたのかまったく分からない。この問題が長い間、空白のままになっていた。

私は、日帰りで飯能、名栗川一帯の山歩きに通っていた。地図を見るたびに有馬山域の一峰で一二〇七メートルを数える「タタラの頭」に興味を持つようになった。まず、ひらめいたのは、歌舞伎用語の「タタラを踏む」である。例えば、刀を抜いて相手に切りかかり、体をかわされて空を切ってトントントンと無駄足を踏むありさまを「タタラを踏む」という。タタラとは製鉄炉のことで、風を送って火力を強めるために、足でフイゴを踏んで風を送った。その足踏み状態に似たスタイルを舞台用語に遣ったらしい。そうすると「タタラの頭」のタタラは製鉄炉を意味するものだろうか。東北地方では露岩をタタラと呼ぶ地域があるから、露岩をいっている可能性もある。だが、山麓を広範囲に見るとタタラ窪と称する場所があったり、鍛冶屋橋もある。八ケ原(古名は鍛冶ガ原)・金山、古い俗称には鍛冶久保という金属業にかかわる地名が散らばっている。昔は周辺一帯に金属業者が住んでいたのではなかろうか。そんなことを漫然と考えていた。

改めて『コンサイス日本山名辞典』(三省堂)で調べてみたところ、「タタラは製鉄に関係するフイゴの意味だが、地名となった由来ははっきりしない」として、次の五箇所が掲載されていた。

A　タタラの頭　一二〇七メートル　埼玉県有馬谷
B　タダラ峰　九三四メートル　新潟県佐渡
C　多々良山　九七一メートル　岩手県九戸郡

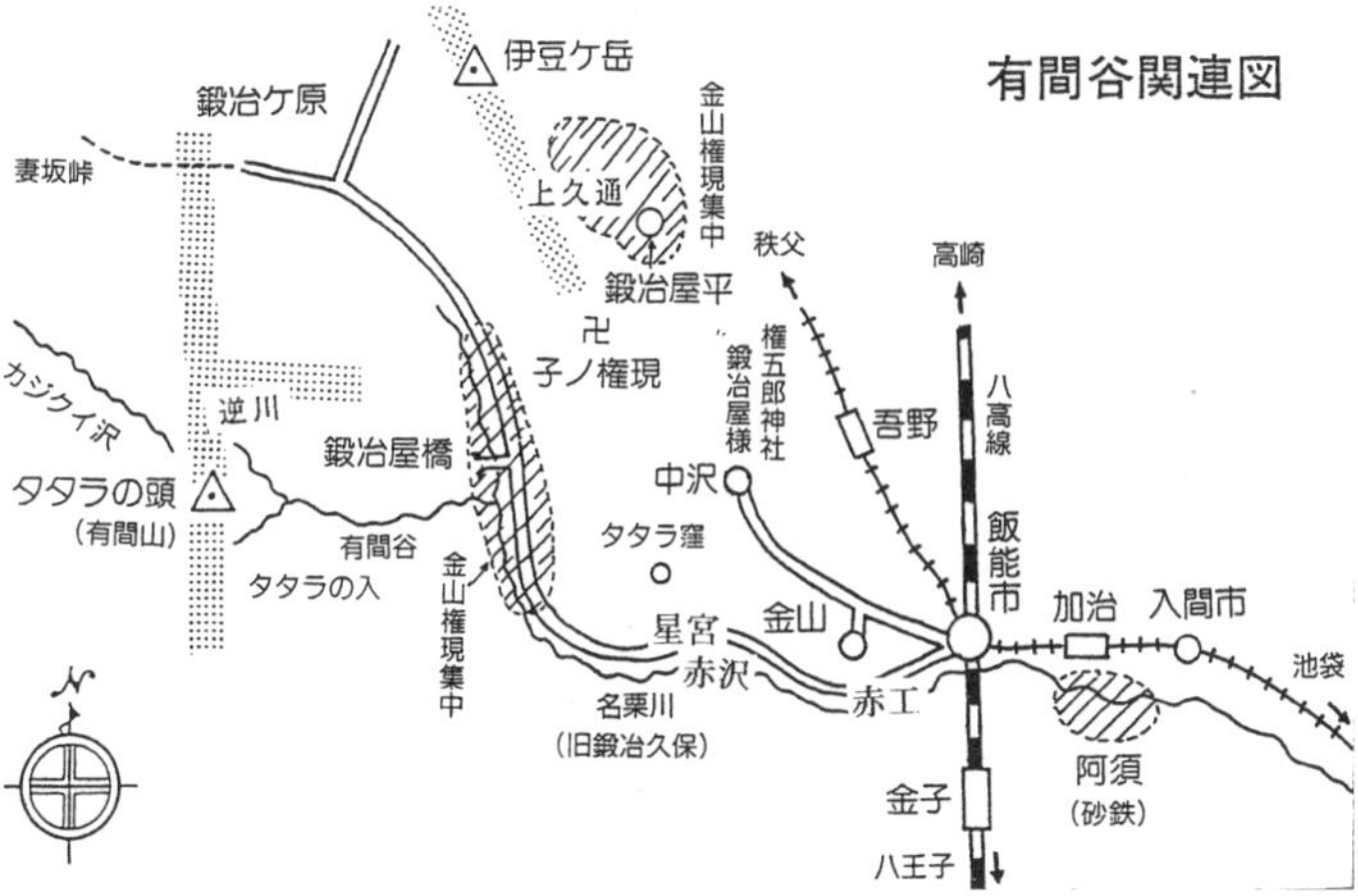

図１　名栗川一帯の地図

写真２　名栗川流域の鉄滓《かなくそ》

D　多々羅山　　三六二メートル　同　下閉伊郡

E　鑪山　　　　三九一メートル　岩手県盛岡市

このなかで、由来がはっきりしないのは、今問題にしている名栗村・有間谷のタタラの頭だけで、残りの四箇所は製鉄の痕跡が認められる。特にC、D、Eが岩手県に集中するのは、同県が日本有数の砂鉄、磁鉄鉱の産地であることからうなずける。特にEについていえば、盛岡市には現在も鑪山の地名が残っていて、『地名辞書』（吉田東伍著）は、「立ち上る峰の煙の消えはてて たたらの山の月ぞさむけき」という古歌をひいて、「火山でもないのに峰の煙は腑に落ちない」といっている。しかし、この煙こそが炭と砂鉄を燃やして鉄をつくるタタラが稼働している何よりの証拠だ。

名栗村のタタラの頭は、有間谷というかなり広範な地域の中の最高峰である。それでもなお気になるのは現在の飯能市内の加治地名の存在だ。丹党の加治氏そのものが鍛冶から出た名字ではないのか。新潟県の赤谷から新発田を通って日本海に注ぐ加治川も鍛冶にかかわるもので、上流の赤谷のアカも金属をいう赤だということもはっきりしている。そうすると、「タタラの頭」の山麓に星宮神社がある赤沢も、鉄に関係する地名ではなかろうか。神社名の「星」も妙見様を祀って、昔は星から金属が降ってくるといわれたものだ。赤沢から少し下流は赤工《あかだくみ》というが、原型は赤匠でこれも鍛冶職人をいっているのではあるまいか。この赤工の真ん中には金山がある。

飯能市を頻繁に往復しているあいだに知り合いがふえて来た。名栗村人見《ひとみ》出身の浅見美寛氏と兄の昌一郎氏、ことに昌一郎氏は鉄の臭いを嗅いで、吾野《あがの》の畑の畦から鉄滓を見付けだしていた。その繋がりから飯能市内で商売を営む加藤伊介氏を紹介された。当時、飯能市民新聞を発行していた西村一男氏は、飯能一帯の巨大な板碑を建造した資金源は何だろうと考えていた。時々、みなで、この金山に集まって浅見兄が焼いてくれる鮎の塩焼きを食べながら懇談した。「昔は炭焼きが盛んだったが、炭の需要が一般に拡がるのは江戸も後期になってからだ。そうすると、室町・鎌倉の時代には、それを大量に購入してくれる人がいなければ生活はなりたたない。炭を多量に消費するといえば、やはり鍛冶師やタタラ師だ。昔話に炭焼藤太が金持ちになるというのは炭で儲けた話だろうから」などとさかんに話し合ったものである。しかし、皆、この付近に多数の金属業者がいて、地名は彼らが存在した証拠だなぞとは本気で考えてはいなかった。赤、金、鍛冶などという文字は、どこの地名にでも転がっているものだ。

2　御霊神社の実験

一ツ目小僧を捜せ

ある日、面白い伝説を耳にした。鮎を食べる金山からひと山越えた、四キロほど先の中沢《なかざわ》の話だ。「その昔、都から落ちてきた平の中沢《ちゅうたく》という公家が鍛冶屋を始めたので、中沢《なかざわ》という地名になった」というものである。ごくありふれた伝説だといってしまえばそれまでだ。特に、このあたりでは、妻坂峠は鎌倉に出仕する畠山重忠が妻と別れを惜んだ場所だとか、あまり桜が美しいので、奥州に落ちのびる義経主従が顔を振った顔振《こうぶり》峠などという伝説がたくさんある。妻坂峠のツマ、サカ、トウゲは同じ傾斜地形をいったものだが、ツマに漢字の妻を当てたばっかりに、この地方では人気のある畠山重忠の妻が登場している。顔振峠に

写真3　中沢の権五郎神社
（御霊大社の額が
掛けてある）

しても、桜が植えられたのは昭和になってからの新しいものだが、桜とくれば吉野の義経と静御前が思い出され、ついには弁慶にまで連想が及んでしまう。

さて、中沢の鍛冶屋伝説はどうなのかと、周辺に目を凝らしていた時、「これだ！」。雷鳴のようなひらめきが私の脳裏をかすめた。中沢伝説は根拠のある話に違いない。なんとなれば御霊神社があって、氏子の片目は小さいといわれている。どうして御霊神社があったら、鍛冶屋伝説が本物なのか。一番有名なのは京都の御霊神社だ。平安の昔、桓武天皇の実弟で皇太子の地位に昇った早良親王は、藤原種継の暗殺事件に連座して無念の死を遂げる。この親王の霊が祟りをなすことから、都の鎮めとして御霊神社が祀られた。このように御霊信仰は祖先の霊をなぐさめるという意味があるから、抽象的表現をしたら、そんじょそこいらにある神社は全部、御霊神社だといっても間違いではない。この御霊神社は鍛冶屋とは関係がない。

　しかし、中沢にある御霊神社は、片目の鎌倉権五郎《ごんごろう》を祀る個性の強い神様で、一名を権五郎神社ともいって、鍛冶を職業とする人々に深い信仰を受けている。そうすると権五郎の御霊神社の存在が、平の中沢《ちゅうたく》が鍛冶屋を始めた話と辻褄が合う。それでは権五郎とは何かを考察してみよう。『保元物語』の語るところによれば、平安の昔、後三年の役（一〇八七）に出陣した鎌倉権五郎景政は、奥州金沢の戦いで片目を射抜かれながら、敵将を倒した豪のものだ。権五郎を祀った御霊神社の本元は、鎌倉の長谷観音近くにあり、そこは鎌倉七郷のひとつ梶原郷である。この鎌倉権五郎は恒武平氏の流れを汲み、権五郎から大庭、梶原、長尾、村岡、鎌倉の五氏が別れた。この五氏が先祖を祀る五霊社を建てて多くの信仰を集めた。五霊と五郎の音の近さから、権五郎神社とも呼ばれるようになった。この五氏は片目を射抜かれた権五郎と同じく誇り高い板東武者で、鍛冶集団を率いて武器を自給出来る人々だったのである。『鎌倉誌』によると鎌倉権五郎景政が住んでいた旧地に、同族の村岡景時が移住して来て、地名にあやかり、梶原源太景時を名乗ったとある。ひょっとすると梶原姓は、鍛冶原が原義だったのではあるまいか。気をつけて見ると奥州金沢の戦い、梶原、片目を射抜かれた話など、金属と鍛冶にかんするものが集中している。

　それはともかくとして、近年になって鎌倉一帯が古代から中世にかけて一大タタラ製鉄地帯であったことが明らかになった。武人であり片目である権五郎神社は、金属特需景気に湧く真っ只中に鎮座していたことになる。当然、一つ目を奉じる鍛冶、タタラ師の信仰を受けるようになり、各地の御家人の鍛冶場へと勧請されることになり、飯能の中沢にも波及したと考えてまちがいあるまい。鎌倉の御霊社にも、参拝に来た旅人の目が潰れてしまったが、その旅人の遠い先祖は権五郎の片目をを射た鳥海弥三郎だったという伝説が語られる。

ここで、『日本書紀』にあらわれる天目一箇神がなぜ鍛冶の神なのか考えてみよう。タタラ製鉄というのは、粘土で炉を築いて炭と砂鉄を交互に入れて三日三晩燃やし続け、これを一代《ひとよ》と称する。最近の例でも二・五トンの鉄を得るために砂鉄十三トンを消費する。砂鉄を溶かす為には膨大な炭が必要になる。十六世紀にスペインの無敵艦隊がサセックスとミドランドの森を焼き払い、イギリスの製鉄に致命傷を与えようとしたのは歴史的事実である。昔話に登場する炭焼き長者は、炭を大量に買いつけてくれる製鉄業者が近くにいなければ成立しない話なのだ。

鉄がタタラ炉のなかで出来上がる一代、つまり三昼夜を時間になおせば、約三〇分ごとに砂鉄と木炭を交互に入れて七〇時間で鉄が出来上がることになる。この火加減や全般の進行は「村下《ムラゲ》」という職場の長が「炭坂《スサカ》」と称する助手を使って監督する。昔は温度計などなかったから、炉の中の火加減は「村下」がホド穴から覗いて確かめる。そうすると長年の間には目を悪くしてしまう。これが天目一箇神の正体であり、鎌倉権五郎であり、一つ目小僧のお化けだ。唐傘のお化が一ッ目で一本足なのは、炉の火力を絶やさないために、フイゴで風を送らねばならず、番子《ばんこ》と呼ばれる職人が交替でフイゴを踏んだ。これが、子供の遊びの順番待ち「代わり番子」の登場だ。本物の番子は毎日毎日フイゴを踏んで足を痛めてしまう。いわゆる歌舞伎の「タタラを踏む」は、ここから来ている。熊野の大雲取山ではヒトツタタラと呼ばれる妖怪が暴れまわるのも製鉄話なのである。

横浜市旭区二俣川に残された「鎌倉軍勢おおそうだ。鎌倉街道飛ぶ鳥は、つうるが峰にて落とされた。落ちたる死骸をたずぬれば、羽が十六、目が一つ」という童謡こそ、意外な歴史的事実を伝えている。元久二年（一二〇五）六月のこと、二俣川の鶴ヶ峰で畠山重忠の一二四騎が、北条氏の数万の軍勢によって攻め滅ぼされた。飛ぶ鳥（を落とすほど）の畠山氏も、鶴ヶ峰で殺されてしまった。落ちた死骸を捜したら、タタラの羽口が十六、目が一つのタタラ師の頭目だった、という歌である。

重出立証法

ひとまず、飯能市中沢の御霊神社と片目と鍛冶の関係はわかった。この「御霊神社・片目・鍛冶屋」の組合せが全国的に多出するかどうか、重出立証法のふるいにかけてみる必要がある。この網にひっかかれば一つの公式が成り立つことになる。東京都八王子市の元八王子にある御霊明神では、祭神の鎌倉権五郎が鳥海弥三郎に右目を射抜かれたために、氏子の右目は小さく、傍らの小川の魚には右目がないという伝説が語られる。また、同市館町では、権五郎がクツワ虫の泣き声で敵の接近に気付かなかったために片目をやられた。以後、館にはクツワ虫が住まず住民の右目は小さいとも語られる。八王子城が全盛を極めた頃は、城内の鍛冶曲輪でトンテンカンと鍛冶が打たれ、現在でも鍛冶屋敷の地名が残されており、江戸時代に入っても下原の刀鍛冶は健在で、タタラを持った遺蹟が掘り出されている。小田原北条氏の出城だった八王子城は天正十八年（一五九〇）、小田原城を攻めた豊臣秀吉の別動隊、数万は八王子城をひしひしと取り囲んだ。城将の北条氏昭は小田原に篭城していたので、代将の横地監物景信が指揮をとったが、一日で落城してしまった。城を脱出した景信は、藤蔓に足をとられた所を、片目を射抜かれて無念の最後を遂げる。以来、彼が討ち死にした景信山には、藤が生えず、木下沢《こげ》のヤマメも一ッ目だという。

八王子城が落城した頃、やはり北条方の出城、群馬太田市の金山城も秀吉軍の猛攻によって廃城と化し、ここにも鍛冶曲輪がある。その位置は梶山と呼ばれているが、正しくは鍛冶山だ。この場所で室町時代から戦国時代にかけて、トンテンカンとたくさんの武器が打ち出されていた。鍛冶職人が自分たちの守護神である金山彦を山頂に祀ったために金山の名前が出た。この山の菅の沢からは奈良時代から平安時代のタタラ炉が発見されているところを見ると、砂鉄や燃料の入手が容易で、大昔から金属精錬にむいていた場所のようだ。金山城址の東側に熊野神社があって、権現様がキリギリスを捕まえようとして、キビに足をとられて片目を傷つけたと語られている。城址の東側を金井町というのは金鋳かもしれない。この熊野神社から数キロ東の茂木には御霊神社が鎮座して、権五郎もキビで片目を潰した話など八王子城と非常によく似た感覚にあるのは、関東地方最大規模の中世山城に付属した鍛冶職達が残していったものといえる。

旅行案内を読んでいて、香川県多度津町に権五郎小路があることを知ったので、高松市に住む知人の竹本一弘氏に、「権五郎小路には、鎌倉権五郎を祀る御霊神社と片目伝説、鍛冶屋はないでしょうか」と質問して見た。まさかと思ったが、旬日を経ず「権五郎を祭神とする御霊神社があり、神社の南側一帯は今では仲ノ町になっているが、昭和二年までは鍛冶屋町といって、第二次大戦前まで鍛冶屋が二軒残っていた。神社には片目の魚が住むという井戸もある」と、理想的な返事が帰って来たのには驚いてしまった。なお調べて行くと、室町幕府の管領、細川勝元の家臣である香川元明が多度津に入城した時に、権五郎神社を勧請したといわれ、香川氏は鎌倉権五

写真4　五郎神社（左）と鍛冶屋バス停（右）

郎の後裔を称し、梶原氏とも同族で、本来は神奈川県茅ヶ崎市香川庄に居館を構えていた。恐らく、武器製造の守護神として鎌倉権五郎を勧請したらしい。ここで、気になるのは、多度津から海を越えた、伊勢の国桑名郡多度山に鎮座する多度権現の摂社の一目連は、天目一箇神のことである。互いに片目であること、多度の地名が一致するなど何か関連があるのだろう。

もう一ヶ所、気になるのは、静岡県湯河原町の五郎神社だ。しかも、鍛冶屋行きのバスに乗って、鍛冶屋停留所で下車したら、なんとそこが五郎神社だった。祭神は金山彦だと書いてある。金山彦というのは読んで字のごとしで金属の神様だ、この件に関しては第一部の哭澤神社の所でのべたとおり、イザナギが火の神カグツチを生んだ時に、産道を焼かれて死んでしまう。その時、吐き出したのが金山彦である。しかし、一九八〇年くらいの湯河原町観光課のハイキングコース地図によると、「この神社は一名、御霊神社といい祭神は鎌倉権五郎景政である」となっている。いずれにせよ金山彦と権五郎の性格は同じである。江戸後期の技術書『鉄山秘書』では、天目一箇神も金山彦も同一視している。五郎社の由緒は織田信長が活躍していた元亀年間といわれるがはっきりしない。説明板の地名考によると、「風土記には土肥鍛冶屋村とあるが、貞享三年（一六八六）、小田原藩に出されたこの村の差出し帳からも、鍛冶屋集団が住んだことはなにも見いだせない。当時の軒数は五十四で、桶屋が三軒もあるのは意外」だと書いてある。これは飯能市の中沢も似たようなもので江戸時代以前の記憶はほとんど残されてない。湯河原でも室町、鎌倉期まで遡らなければわからない。神社奥のスガネワタットからは鍛冶滓が発見されたという。江戸時代初期に桶屋が三軒あったのは、鍛冶桶のように鉄でタガをはめる技術の残滓に違いない。神社の前には樹齢五、六〇〇年を経る藤の大木が立っている。なにしろ権五郎と鍛冶屋の重なりだ。地名は嘘をつかないから、藤の大木に話を聞いて見るしかない。

これまでの実験で一ッ目権五郎神社と鍛冶屋の公式は成立すると見てよさそうだ。金属関連地域に一ッ目伝承が残っているとすれば、逆に一ッ目伝承を追って金属の臭いを捜す「金属伝承の公式」が成立するはずである。この時点では、私以外には誰も中沢の鍛冶屋伝説に興味をしめしてなかった。

3　鍛冶屋様の正体

写真5　鍛冶屋様

金属伝承の公式

再び、飯能市の現場にもどろう。中沢・御霊明神の御神体は白幣だが、飯能市の文化財に指定された三枚の和鏡は鎌倉時代のものと鑑定されている。そうするとこの神社の勧請は、武器を造る鍛冶を必要とした有力な御家人が活躍していた時代の可能性がある。私は、御霊神社の公式によって、近いうちに必ず金属製造に関する証拠が現われる予感をもった。そして間もなく、飯能市民新聞の西村一男氏が、ついに「金属伝承の公式」を証明することになったのである。その驚くべき報告によれば、御霊神社の北方約五〇〇メートル地点の栃屋谷に、通称「お前」と呼ばれる平沼勤一氏宅があり、この家が伝説に出て来る平の中沢の後裔で中沢集落の祖だといわれている。驚いたことに宅地内には鍛冶屋様が祀ってあり、その祠の内部には金山姫と三体の鍛冶職人の木彫が納められていた。一体は大槌を振り上げ、一体は鍛冶鋏を持ち、一体は鞴《ふいご》を押して鍛冶炭をおこしている。この鞴は差し鞴である。金敷もあれば水桶もおいてある実に精巧なもので、三体の背後には金山姫が鎮座している。

西村氏筆写の棟札は、次のようにあった。

□□観伝記曰□天永□□之
□□□明和年間本宮造営
□□□□□□□□□
□□□□□□□□□新築　祀主　平沼□□　□□□□□□□執行　大工　関口利平
大正拾　七月弐拾□□　祭官村社々掌
落合□三郎

近くには鍛冶窪の地名があって鉄滓も出ているというから、伝説は生きていたのである。

ここに至って、地元側の山口晋平、加藤伊介、浅見昌一郎、西村一男、堀越喜代子などと「名栗川金属文化の会」が結成され、私も会友になった。地元側の強力な調査により、一九九一年に、鍛冶屋様の内部から、次のような由緒書が発見された。

（表）大永二甲寅年　御宮建立寄進覚

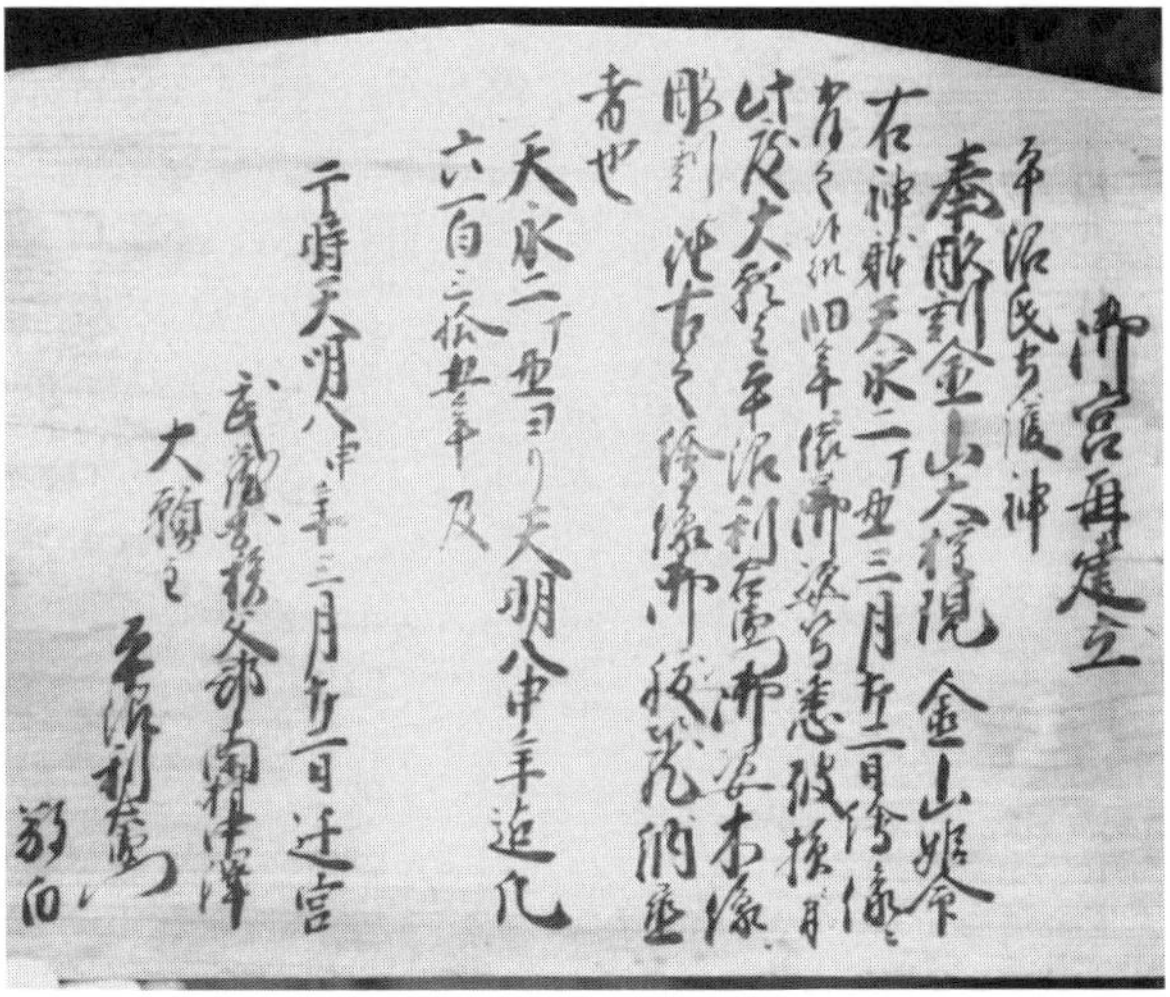

御宮再建立

平沼氏守護神

奉彫刻金山大権現　金山姫命

右神躰天永二丁丑三月廿二日繪像ニ

有之候処旧年ニ依而御姿等悉破損ニ付

此度大願主平沼利右衛門御姿木像ニ

彫刻シ往古之繪像御　籠ニ納置

者也

天永二丁丑ヨリ天明八申年迄凡

六百三拾五年ニ及

干時天明八申年三月廿二日遷宮

武蔵国秩父郡南村中澤

大願主　平沼利右衛門

敬白

写真6　由緒書

奉請金山大権現　天永弍丁丑年三月廿三日　中興明和七庚寅三月改之
金山大権現裏打之施主　宗穏寺現住大鶴拝
本社建立之施主　平沼利右衛門
上家之施主　平沼麻右衛門
木挽五人施主　平沼重右衛門
同引手間売人　平沼藤八
三寸棟壱間廿本施主　小沼六兵衛

（裏）明和七庚寅三月十五日
御遷宮仕候以上

表裏の由緒書を解釈すると、この宮が建立せられたのは、室町時代の大永二年（一五二二）である。本尊は平沼家の守護神として、遠く平安時代の天永二年（一一一一）に描かれた金山姫の絵像を勧請したものである。時は流れ江戸時代に下がった明和七年（一七七〇）に中興の動きがあった。金山姫の絵像の痛みがひどくなったので、平沼利右衛門が本社建立の施主になり、宗穏寺の住職大鶴に裏打、つまり補強して貰った。

ところがである。補強した絵像も長くは持たず、同じく利右衛門の代に絵像が落剝して持ちこたえられなくなった。思い切って中興から十八年経った天明八年三月（一七八八）に平沼利右衛門が、木像に彫刻させてお宮を再建した。

この由緒書の作成が天明八年である。天明という年は、三年に浅間山が噴火して冷害のために諸国で大飢饉が起き、奥羽地方は特にひどかった。祠が出来た天明八年三月は、松平定信が十一代将軍、徳川家斉の補佐役となった時である。これに棟札の読める部分を推測して補うと、伝えられるところによれば、この社は遠く平安時代末期の天永年間に由来し、江戸時代の明和年間に本宮が造営された。大正一〇年七月、祀主の平沼□□の時、大工の関口利平によってお宮が新築された。村社の祭祀を司っていた落合氏が、祭官を勤めたということになる。要するに、現在、私たちの目の前にある祠は大正一〇年七月に造られたものだということがわかる。

ただ、由緒書にある干支には問題がある。絵像が描かれた天永二「丁丑」は「辛卯」にあたり、初めてお宮に祀られた大永二「丁丑」は「壬午」である。この混乱は根底に動かし難い「丁丑」の記述があったのかも知れない……。それよりも絵像が描かれた天永二年は丹党の中山氏が飯能に拠点を定めた頃に近く、「平安時代の末に、平の中沢が都から落ちてきて鍛冶屋を始めた」の伝説は、そのへんにかかわっているのではあるまいか。また、大正時代の祭官である落合氏は御霊神社を鎌倉から勧請した家系なので、鍛冶と鎌倉権五郎の結びつきの強さが改めて確認出来る。また、平沼家裏手から西に向かって林道があって、その北側を鍛冶窪という。平沼家から鍛冶窪を右手に見て林道を五〇〇メートル行ったところに大きな岩があって、地元の人は鍛冶屋場と呼び鍛冶滓がでてくる。さらに西村氏の調査だが、平沼家から二キロほど南に字「樫久保」がある。ここの山林中に、かつて大規模な鍛冶を営む者がいたという住居跡があって、近隣の人々を呼び捨てにするほどの権力者だったと伝えられるから、この「樫久保」も「鍛冶久保」だった可能性がある。その下の中郷の鍛冶窪からは、人頭大の鉄滓が発見されている。

棟札のメッセージ

江戸時代後期に編纂された『新編武蔵風土記稿』は、鍛冶の存在についてはひとことも触れてない。その頃には大規模な鍛冶が行なわれてなかったらしい。しかし、注意して見ると神社仏閣の説明の部分（巻の二百十七、秩父郡の二）に、参考になるものが隠されていた。「金山権現社、神体岩上に踞る木造七寸許　里正半平が宅地にあり」の表現、鍛冶屋場の大きな岩がこれだと思われる。里正は里長で明治時代まで里人は平沼家を指して　半平様と称し、同家の墓石にも半平と刻んだものが二基残っている。そうすると、江戸時代の半平様こと平沼家の位置は、現在地から林道を西に五〇〇メートルほど行った通称鍛冶屋場にあって、その宅地内の巨岩の上に金山権現が祀られていたわけである。『風土記稿』がいう「岩上に踞《うずくまる》」の表現は、由緒書にある平沼家守護神、奉彫金山大権現　金山姫命のことで、つまり鍛冶屋様の三体の鍛冶人形の後に鎮座している金山姫のことである。また、『風土記稿』は、中沢天神社の棟札をなんの説明もつけずに掲載して、もう一つの重要なことを後世に伝えている。

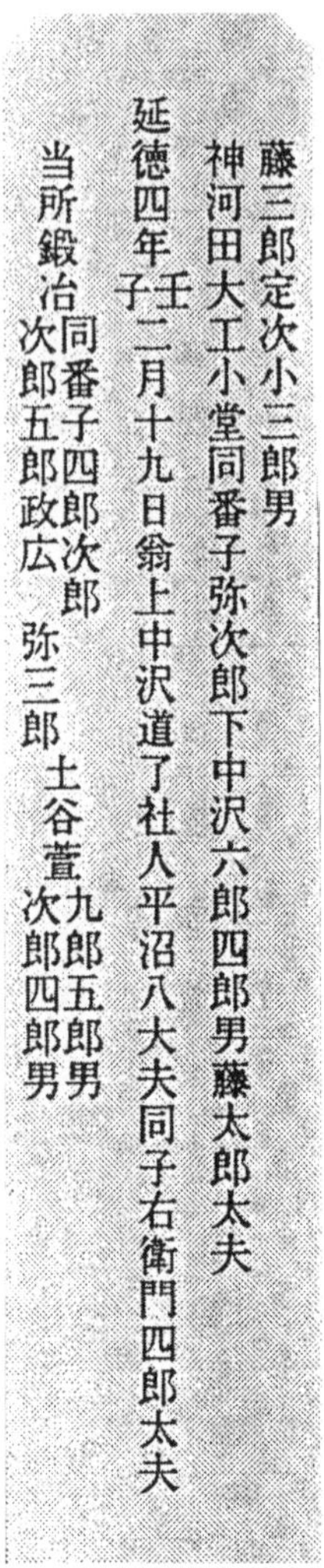
藤三郎定次小三郎男
神河田大工小堂同番子弥次郎下中沢六郎四郎男藤太郎太夫
延徳四年壬子二月十九日翁上中沢道了社人平沼八大夫同子右衛門四郎太夫
当所鍛冶同番子四郎次郎　土谷萱九郎五郎男
次郎五郎政広　弥三郎　次郎四郎男

図2　中沢天神社の棟札

棟札を見ると延徳四年（一四九二）に、中沢鍛冶の平沼氏が中心になって天神社の工事に携わっている。この年はコロンブスがアメリカ大陸を発見した年にあたり、日本では北条早雲や太田道灌が活躍していた。これに遅れること三〇年にして平山家の絵像、金山姫が初めてお宮として祀られる。この時点で中沢鍛冶の平沼氏の活動は、ちゃんと確認出来るのである。「当所鍛冶、同番子」の番子は鍛冶炭の温度を保つためにフイゴを踏んだり押したりする役目のことで、一人で長くは勤まらないから「代わり番子」に交替でやる。「神河田大工小堂番子弥次郎」の大工は、鋳物師をいう吹き大工のことと思われる。ことに興味をひかれるのは、その下の方にある「藤太郎太夫」と右上の「藤三郎」の藤の字である。伝説の芋掘り藤太、炭焼き藤太に現われるごとく、金属稼業の中には、代々名前に藤をかぶせる習慣があった。八王子城の鍛冶炭を確保する由緒正しい人物も栗原藤太郎を名乗っていた。『武蔵史料銘記集』も、明応四年（一四九五）における吾野神社の棟札を収録して、修造奉行・平沼兵衛次郎重政、加持・中沢次郎五郎と一帯最大の鍛冶、中沢氏を明確に記録している。文字遣いで「加持」と書いているから、文字よりも発音に意味がある。

前にも触れた、飯能市の指定文化財である中沢の御霊神社の和鏡三面のうち二面は、鎌倉の鶴岡八幡宮の宝物「蒔絵硯箱模様」とまったく同じ趣向である。ということは、中山氏や加治氏の存在から推しても、中沢鍛冶を中心にした飯能鍛冶のルーツは、それよりも時代を遡らせて、鎌倉時代の武器製造プロジェクトを想定するに足りるのである。現在の東秩父村大河原は鎌倉初期には大河原荘と呼ばれ、大は河原に堆積する砂鉄の青色が「おお」になまったものである。鎌倉幕府はそこの大河原丹治時基（丹党）を、同じ砂鉄地帯である播磨国宍粟郡の地頭に任じ、丹党の製鉄技術を有効利用しようとしていたのも歴史的事実である。ことは意外な方向に動きだした。タタラの頭から始まった探索は、タタラより鍛冶の根拠が先行しだした。これが一九九〇年頃の動きである。

砂鉄七里に炭三里

例えば、タタラの頭の山麓でタタラが可動したとすれば、鉄を造る原料の砂鉄はどこから運ばれたのかが問題になる。実は有馬山麓から名栗川が十数キロ流れ下り、入間川と名前を変えるあたりの飯能市阿須には、有望な砂鉄地帯があることも仮説の一翼を担った。製鉄研究家、窪田蔵郎氏の「入間砂鉄と特殊製鉄遺蹟」(『考古学ジャーナル』一九七一年六〇号、七二年六十五号)では、入間砂鉄は硫黄分が少なく、鹿島砂鉄をしのぐ良好なものであると分析されている。地元側、黒田善治氏の「入間市農村調査(四)鎌倉期の採鉄精練の遺蹟調査概要一九六八年」では、阿須の大断層は砂鉄採取の過程で削られたものと考えられるとしてあり、高師小僧についても言及してある。高師小僧は、木の根が土壌中の砂鉄を吸いよせて行くもので、この地域のものは日本最大級だと述べられている。

俗にタタラ製鉄は「砂鉄七里に炭三里」といわれ、砂鉄は七里運んでも採算があうけれども、炭は三里までが限度とされている。ひょっとして、阿須の砂鉄が燃料炭を求めて有馬山麓に向かい、燃料資源の象徴的な名称が「タタラの頭」に記憶を留めているのではなかろうか。燃料といったが、タタラ製鉄の性質上、炭は単なる「燃料」としてではなく、酸化している鉄を還元する役目を負っていた。硫黄分の少ない炭から生まれた鉄は、錆びにくい鉄に育った。そんなことで砂鉄は炭を求めて山の中に入る。「鉄は国家なり」といわれるように、優秀な鉄の武器を自前で調達出来なければ有力な戦闘集団は育たない。大和朝廷の出現もこの原理に従っている。武蔵七党が活躍した頃は、鎌倉幕府の奥州平定、たび重なる御家人の権力闘争、蒙古の来襲、南北朝の抗争と一日たりとも武器は手放せない状態にあった。丹党は金属技術にたけた人々で、中国の史書『管子』は「丹」は砂鉄のことだといっている。丹党の居住地域には、紀州高野山に祀られる丹生神社があって、秩父郡内では二十二社が認められる。『新編武蔵風土記稿』が「丹党の氏神」と書いたが、氏神は諏訪神社だそうである。秩父郡以外は散在している有様だが、中山氏の居住である飯能市中山に存在するのが光っている。この丹生神社とのかかわりは金属的な問題がかかわっているのかも知れない。

幕末の水戸藩の製鉄を担ったのは、付け家老の中山備前守丹冶信政であるが、この中山家は丹党の出で、飯能市の中山を出生地にしている。中山家範は豊臣秀吉軍に攻められた八王子城の留守将の一人で城を枕に討ち死にする。片目伝説の横地景信が討ち死にした時だ。その孫の中山信正は徳川家康に召し抱えられて水戸藩の付け家老として中山備前守を名乗るが、必ず実名には丹党として誇りを伝えるべき丹冶を付ける。つまり、中山備前守丹冶信正である。この「丹冶」の名乗りは三〇〇年を経た、幕末の中山備前守まで続いたが、鍛冶の記憶が中山家に受け継がれていたかどうかはわからない。

茨城県高萩市の山奥に、幕末の中山家のタタラ製鉄が稼働していた現場を見にいった。海防問題で水戸藩でも大砲の製造は急務だった。タタラ跡は海岸から深くはいった、相当に不便な山奥だったが、砂鉄七里に炭三里のたとえどおり、霞が浦から船で運ばれて来た砂鉄が、炭を求めて山奥に入って行った有様がよく理解出来た。おそらく、当時の飯能の阿須からタタラの頭がある有馬谷までの道は相当に悪かっただろうが、砂鉄七里に炭三里の公式は、鎌倉時代以前であっても守られるはずだ。よしんば、導入部とロンドカプリチオーソの「タタラの頭」が錯覚から出たとしても、鍛冶の証拠がこれだけ上がっているのだ。地名は嘘をついてはいない。加えて、私は、タタラの頭にむかって「逆川」が入り込んでいることにも興味を持っている。全国的にも「鍛冶屋・金属業者と逆川」は切ってもきれない間柄にある。この公式は、飯能問題を処理した後で言及する。

4 見る目、嗅ぐ鼻

安産のお守り

一九九一年は「名栗川金属文化の会」では、浅見昌一郎氏の足による大きな収穫が相次ぐことになる。今でも鮮明に思い出すのだが、次の調査に行きづまる頃、足で稼いで話題を嗅いで次々に見付けだしてくる浅見氏を、私は密かに「見る目、嗅ぐ鼻」と呼んでいた。休日を利用して赤工の金山で、鮎を串刺しにして焼いてくれるのも浅見氏であった。その足と話題が導いてくれたのは、名栗川流域と久通における多数の金山権現と鍛冶淬、鍛冶神絵像の発見である。『記紀』神話によれば、イザナミが火の神カグツチを産み落としたのがもとで、産道（女陰）を焼かれて死ぬ時、嘔吐した中から金山彦と金山姫の二神が誕生する。もともと、鉄を造る場所としての火処と人間の女陰は鉄の誕生と人間の出産のダブル・イメージとして描かれたもので、ホトを焼かれて死ぬというシーンはタタラ製鉄の失敗を表現したらしいといわれている。

たとえば、『古事記』に「天の安川の天の堅石を取り、天の金山の鉄《カネ》を取りて、鍛人天津麻羅

を求《ま》ぎて」と、タタラの親方に麻羅が出てくる。これは天目一箇神と同じでタタラ師の親方だといわれているが、マラは朝鮮語で中心、即ち男根をあらわし、ふいごの差し引きも生殖作用に見立てられた。この後『日本書紀』は、朝鮮半島からの天日槍や卓素という鉄の工人の来日を伝える。卓素のソは朝鮮語の（쇠）金属を表わすが、勘繰れば日槍も男根のイメージである。

今日でも、製鉄炉からその日に始めて出た鉄を安産のお守りにする。これは出産に相応しい習慣で一〇〇〇年以上の気の遠くなりそうな昔からのメッセージに違いない。現に我が家が所持している安産のお守りは、一九七一年に息子誕生の安産を祈って、多分、川崎製鉄だったと思うのだが、溶鉱炉から取出されたものを貰った。とれたばかりだというので、手渡された時に熱を感じたような錯覚に陥った。ところが、一九九七年夏、埼玉県川本町に住む、清水寿氏より手紙を

写真7　谷家の安産のお守り

写真8　清水家の安産のお守り

貰った。この人は畠山重忠と鉄について研究して、見事な成果を挙げている。金属仲間として「名栗川金属文化の会」を通して知合った碩学の士だ。手紙によれば「古書店で谷　有二の『日本山岳伝承の謎』を見付けて読んでいたら、製鉄所から出た安産のお守り」の写真に出くわした。私の所持しているものとまったく同じだ。これまでは何に使用されたものかわからなかった」というのである。私もびっくり仰天した。添付してあった写真と我が家のものはほとんど同じだが、清水家の方が古色蒼然としている。発見された現場は行田の忍城の堀の跡で、どこかの鋳物場の土を運んだものらしい。同時に掘り出された鋳物滓から、羽口らしきもの、火縄銃の筒先が出ているという。年代についてはなんともいえないが、両方とも型で固められた様子はハッキリしているが、清水家の方が時代は古そうに思える。

金山権現

現在でもいろいろと古いタタラ吹きの様子が詳細にわかるのは、江戸時代の天明四年（一七八四）に下原重仲が、自らの体験と古来からの伝承やしきたりを『鉄山必要記事』として書き残しておいてくれたおかげだ。この本は『鉄山秘書』の名でも世に知られている。それによれば、「金山彦」「天目一箇神」「金屋子神」は、同一の神として取り扱っている。金山彦はタタラ場だけではなく、あらゆる金属作業の現場に祀られる。金山彦、金山姫を祀る日本最大の神社は、岐阜県垂井町に鎮座する美濃一の宮の南宮大社で、現在でもフイゴ祭りには日本全国から、さまざまな金属関係者が集まってくる。

その金山権現を祀る祠が名栗、久通一帯で十二箇所発見され、まだまだ、増加の途にある。屋敷神として、昔、鍛冶を打ったと思われる家の敷地内に鎮座している。いずれも小さいものだが、名栗川流域の加藤家で安政六年に祀られた金山彦の祠は、立って大人が出入り出来る立派なものである。一九九二年五月、上名栗小物にある池田家敷地内調査には、「タタラ研究会」の発掘調査専門の穴沢義巧氏に登場願ったところによれば、金山様付近には明らかに鍛冶場と認められる遺蹟があり、至近の小川沿いに堆積する多量の鍛冶滓は江戸時代後期のものであるとの鑑定が出た。同じ場所に散在するフイゴの羽口は、当時、すでに定尺ものとして量産されて売り出されていたものである。それによって現在までに発見された十数ヶ所の金山権現にともなう鍛冶遺蹟も同じ時代のものであることがほぼ推測出来る。

そうすると、鍛冶屋様に代表される中沢鍛冶が活躍したと思われる鎌倉、室町時代と名栗川流域の金山権現に代表される野鍛冶との年代差が大き過ぎて、両者はまったく別のルーツではないかとの疑問が起きてくるはずだ。しかし、チョット待っていただきたい。もうひとつの金山権現集中地帯である上久通の旧家、町田家の古文書から「寛保二年（一七四二）八月一日の大洪水で、十七名の死者が出て、同地の金山権現が山崩れで潰れた」という記事が発見されている。八代将軍徳川吉宗の時代には、すでに一帯の金山権現は存在していたことになり、もっと時代を遡らせることは可能なはずだ。『武蔵史料銘記集』記載の吾野神社棟札は、天文十八年（一五四九）の当社造営として、奉行平沼兵庫助忠政、大工中沢右ヱ門鍛冶を記録している。天文十八年といえば、幼少の徳川家康が今川家に人質になった年で、ザビエルが鹿児島に来た年、つまりキリスト教伝来の年にあたる。この二〇〇年弱の差は、両者のルーツを分断すると考えるより、これだけ多くの金山権現と鍛冶遺蹟が近世の名栗川流域に集中する背景を考察しなければならない。

写真９　池田家絵像

鍛冶神絵像の登場

時を同じくして、江戸時代に描かれたと見られる何点かの鍛冶絵像が発見された。その一つは先に述べた、鍛冶滓を出す上名栗の池田家所蔵のものである。全体の主役は、上部に描かれた密教の本地垂迹説から合成した珍しい鍛冶神像だ。全体の構図は「上段に神像を頂き、下段に三猿を置く」という、庚申信仰の本尊である青面金剛絵姿がモデルだと思われ、鍛冶神像の最下段には鍛冶場そのものが描かれる。鍛冶神像は三面八臂に合成されて、本来の持ち物である剣・輪宝・矛・弓矢から弓矢だけ残し、後はすべて日本刀に置き換えられている。剣から日本刀に置き換えられたところに時代背景が感じられる。同家は江戸末期まで鍛冶屋を営んでいたそうだが、明治になって「一番弟子に星の宮へ店を出させた」ということで、同家の屋号は現在でも鍛冶屋である。

その池田家の一番弟子、上名栗の神出《じんぜ》にある石井家の絵像も基本的には上段の神像、下段に鍛冶場をおくところは池田家のものと同じだが、直接に鬼が登場するところなどは、よりシンプルに青面金剛図絵に近いものになっている。石井家には現在でも鍛冶道具の金敷や棒槌が残り、昭和四〇年まで鍛冶屋を営んでいたという。同家の鍛冶組合「御日待ち講」控えによると、大正九年までは九軒の鍛冶屋がありながら、昭和三年には三軒に減少している。また、飯能市内、中里家の絵像は六臂で、そのうち二臂が独鈷と玉を持ち、金剛夜叉明王を彷彿させる神像が白刃と火炎の上に立ち、下段によりリアルな鍛冶場を再現している。

写真10　石井家絵像

武器製造プロジェクト

同地域内で、金山権現や絵像が続々と発見されつつあることは、非常に根深い鍛冶の存在をしのばせる。巨大な板碑の制作技術も、丹党の金工技術と財力を物語る以外のなにものでもあるまい。丹党戦闘集団の時代から大きな鍛冶の流れが存在して、その残照が名栗・久通に江戸時代の

写真11　中里家絵像

野鍛冶として、石畑地帯の農具リサイクルに一役かった文化的な流れが今日に脈打っていることを感じざるを得ない。野鍛冶とは鉄を鍛えて野良仕事、山仕事に使われる鉄製品を作り、補修する仕事だ。鉈や鎌一本でも生活がかかっている。名栗川沿のように傾斜があって、石の多い畑には、その傾斜にあった鍬が必要だし、摩滅もひどいから、修繕もまめに行なわなければならない。

　残念なことはタタラ遺蹟の物象が現われてないことである。それなら名栗・飯能地方の鉄はどこから来たのかと答えを急ぐ前に、丹党武士集団の武器製造プロジェクトの手本ともなる鎌倉に『中世鎌倉周辺の製鉄について』（阿山克夫著）を参考にして目を移してみたい。先程から安易に丹党武士集団という言葉を乱用するようだが、丹党とは、現在の秩父郡・入間郡・大里郡中心に勢力を張った四〇余氏からなる武士団のことで、宗家の中村氏は秩父に住み、今の飯能一帯は高麗、加治、判乃、中山氏などがいた。丹党以外でも有力な岡部氏もおり、名栗川流域は秩父との流通が主だった。中沢は吾野に近く、おおまかにいって、鍛冶屋の集団が丹党の中に生活していたと考えなければならない。

　「すわ鎌倉」とばかりに数万の軍勢が集まった鎌倉は、砂鉄地帯に囲まれ、兵站基地として無数のタタラが稼働して膨大な武器類が集積されていた。その工程も調査の現状から考えて、小規模な野タタラを一回、一回造っては取り壊す方式だったと推定されている。一回の製鉄量は現在考えられる何トンという多量のものではなく、せいぜい一キロ前後で鍬や鋤の刃先なら一、二本まかなう程度だから、鎧や武器類を造るには繰り返しタタラを立てる必要が生ずる。しかも、当時は砂鉄掘り、鋳物師、鍛冶など整然たる分業は未分化の状態だった。

鎌倉がそのような状態にあったとしたら、平素の出動人員が数百程度と思われる丹党各派の武器製造プロジェクトは、従来のイメージから相当に割り引いて考える必要がある。大河原荘の丹治氏が、近傍の河砂鉄で製鉄を賄ったように、阿須砂鉄で賄える規模でもある。阿須砂鉄源の下流にあたる入間川中流域、狭山で製鉄が行なわれていたことは確かである。飯能周辺の鉄滓の具合からいっても、各地の鍛冶もちいさいタタラは当然に立てていた。これは飯能に限らず各地の鍛冶の状況からいっても常識である。鎌倉周辺のタタラ地帯と目されるところで、上郷タタラ遺蹟発掘の例もあるが、現在出土するのはほとんどが金属滓と人口通風のフイゴの破片が主で、炉自体の発掘は今後の調査を待つよりほかないのが現状だ。まして、名栗・飯能側の現状はタタラの頭を象徴として頂く有馬山麓一帯は、赤沢のタタラ窪を始めとして調査はまったくの手付かずの状態にある。その前提にたって、鉄が伊豆地方から運ばれた可能性もあるし、各地の鎌倉御家人がそれぞれ入手した鉄を加工する場合もあるし、すでに安い出雲鉄の足音も近づいている。出雲をはじめとする中国地方の製鉄が大規模化するのは応永年間（一四〇〇年代）だといわれるが、『観智院銘尽』に、それ以前に鎌倉の刀鍛冶が鉄材確保のために伯耆国の鉄座に加入した例が記載されている。そして、今日でも関東地方における鉄の伝播状況は、ほとんど分からないのが実情である。恐らく、思いもよらぬ方法で鉄がまかなわれた可能性がある。

5　ついに、片目の鍛冶屋現わる

一九九二年七月の一カ月間、飯能市郷土館で名栗川金属文化の会が主催した「名栗川流域の金属文化と伝承展」が開かれ、多くの人々が見学に訪れた。その最中の十九日、音のない会場に、ピーヒャララと賑やかな音楽が流れた。神楽「金山彦」の登場である。思えば、伝承から始まって鍛冶屋様、金山様、鍛冶神の絵像と忘れられていたものが息を吹き返した。そんな中で、飯能市阿寺《あでら》にある諏訪神社の神楽の一部が蘇った。そもそもは、見る目嗅ぐ鼻の浅見昌一郎氏が、あそこの神楽に「金山彦」があったということを聞き出して、二月に働き掛けを初め、絶えて舞われることのなかった、鍛冶作業の「金山彦」が復活したのである。

神楽・金山彦

この二十三座形式の太太神楽は、特別珍しいものではなく里神楽の一種「岩戸神楽」である。「太太」というのは奉納神楽の美称で最上級を意味する。全国的には九州の高千穂地方のものが有名だが、秩父神楽、江戸神楽としても広く関東一円に分布している。二十三座を全部舞うのは夜神楽といって徹夜で舞い、クライマックスの「手力雄の命」が、天の岩戸の岩を取りのぞく場面は、現実的にもちょうど夜明けになる寸法だ。略式の場合は、昼神楽として何番かが舞われる。神楽の全般的な問題だが、舞い手が少なくなり、阿寺のように細々と受け継がれている場合が多く、今のうちに映像に残したり、教本を作って子孫に伝授する方法をとっている場所もあるくら

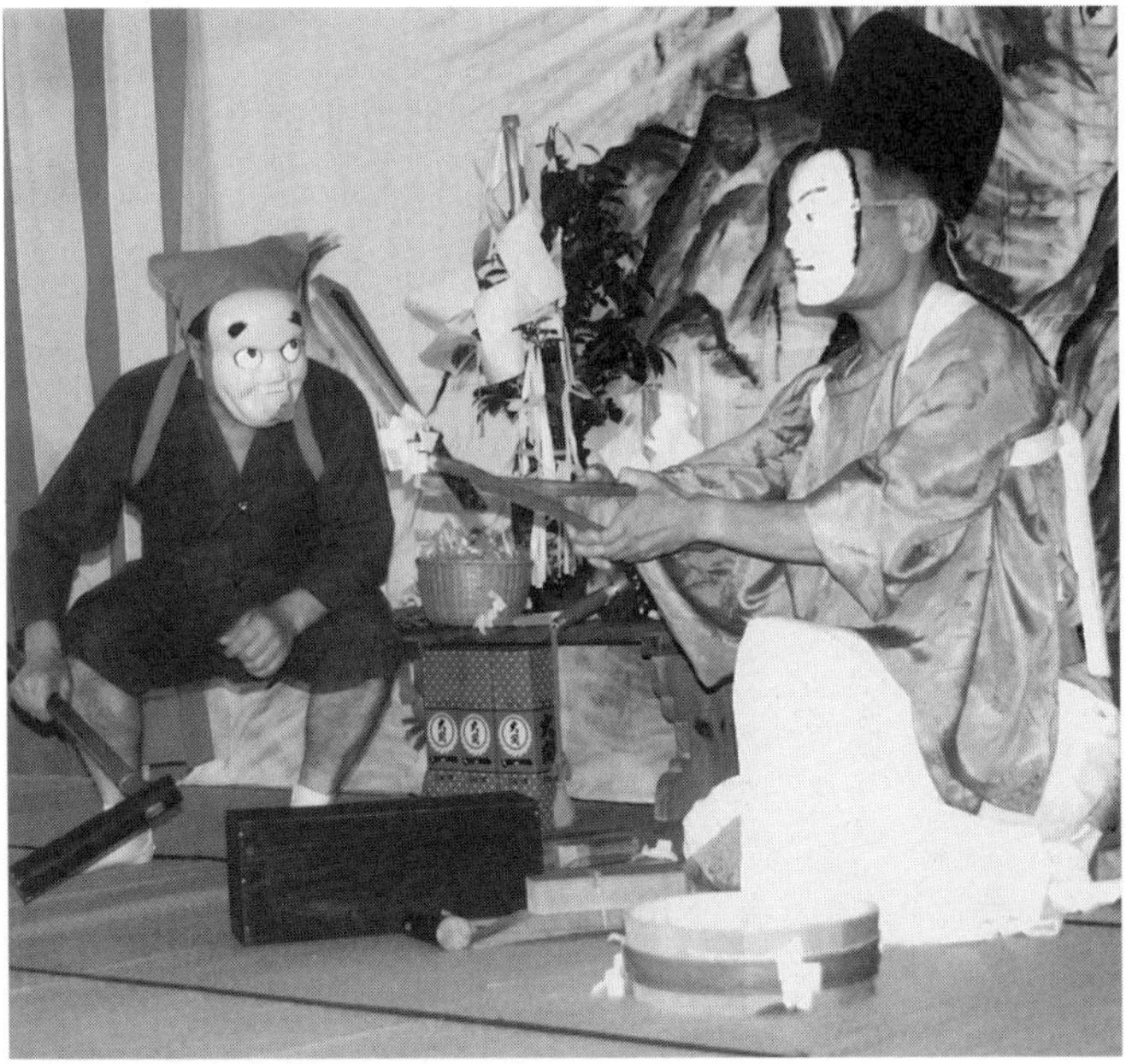

写真12　復元された阿寺の神楽。金山彦とヒョットコ

いだ。現在、同神社の秋の例祭で舞われる四、五曲の中には「金山彦」は入ってない。昭和三十五年前後を最後に、絶えて舞われることがなかった。それを苦労して復元した阿寺の「金山彦」は非常に大きな意味をもっている。普通、太太神楽では「金山彦」は十五番目に舞われる。

ストーリーは、金山彦が火打ち石で火を起こして鉄を打ち、焼きをいれて研いだり、刀を作る所作を人に教えるという内容。教えられるのはヒョットコ。阿寺神楽のヒョットコは両方の目がパッチリと開いている。普通にヒョットコの面を考える時、口をすぼめて片目が小さくなっている表情を思い出す。ヒョットコは火男で、尖んがった口は火吹き、力がはいって小さくなった片方の目は、製鉄伝承の片目だともいわれている。お多福がほっぺたを膨ませているのも、火吹きだといわれる。

この阿寺・諏訪神社の神楽は、昭和の初期まで、吾野村高山の神楽を頼んで、大祭の時に神楽殿で奉納していた。「それならいっそのこと自分たちで習おうではないか」という話になり、昭和五年に高山三輪神社の神楽連から伝授を受けたことに始まる。高山だけではハテ？ どこの高山かと首を捻る人がほとんどだが、東京近辺では高山不動といえば「なんだあそこか」とこたえる人が多いはずだ。その高山自体も、浦賀にペリーが来航する前年の嘉永五年七月、比企郡の都《と》機《き》川《がわ》村・萩日吉神社の神主、従五位松岡河内守斎部宿禰寛道から伝授を受けた。このように連綿と受け継がれるうちに消滅してしまうものもあるが、名栗川の金属との兼ね合いで、金山彦の神楽が再生出来たことは格別の喜びである。

片目の鍛冶絵馬

一九九三（平成五）年一月のことである。金属文化の会周辺で衝撃が走った。赤沢にある星宮神社から、片目の鍛冶屋絵馬が出たとの風聞がたったからである。事実なら、日本国内では稀な大発見だ。この時点では本当に片目かどうかはわからないが、この鍛冶屋絵馬の発見にいたる経過を振り返って見よう。ここでも、我が「見る目嗅ぐ鼻」の浅見昌一郎氏が地元の郷土史研究家の臼井一夫氏から、星宮神社に鍛冶屋の絵馬があることを聞き出し、「一度、見学してみてはどうかと」との教示をうけていた。そこで、名栗川金属文化の会が初めて現場を訪問したのは一月二十四日のことであった。神社関係者から扉を開けて貰い、社殿の左上方に掛けられた絵馬を見ると、想像した以上に大きく美しいものだった。高さ一・五メートル、幅一・八メートルの立派なものだ。安政三年に奉納されていた。

さらに、二月十四日、四月十五日に同神社内のその他の絵馬、小祠、棟札などを調査している間に「小槌を打つ鍛冶の宗匠は片目ではないのか」という意見が出された。薄暗い中でもあり、何の気なしに眺めているとわからないが、気が付くと確かに片目らしい。一見した状態では確かに右の黒目が書き込まれてない。しかし、色々な意見が出された。「長い間に顔料がはげてしまったんだよ」「描き忘れたんじゃないか」「願かけで、大願成就まで目が入れてないんじゃないか」などなど。

写真13　御岳神楽の鍛冶の面

常識的にいえばそうなる。片目が金属伝承であるという説に本気で染まってない限り、絵馬が片目である必要はないのである。私にすれば出るべきものが出たという感じだ。なんとなれば一九八三年に出した『日本山岳伝承の謎』の表紙は、武州御岳神社の宝物・片目の鍛冶の面で飾ってある。とはいっても、片目であるとの科学的分析がなされない限りは、他人を説得することは不可能だという悲観論を持っていた。しかし、この絵馬は生々しく、血液が流れている感じだ。とても、神楽面の比ではない。もっとも面といっても恐ろしいものがある。高知県安芸郡本川村では、呪咀をする時に面の片目に釘を打つが、その面は代々鍛冶の家系に受け継がれたという。ギリシャ神話でも鍛冶を打つのは一ツ目の巨人だ。『日本書紀』も「天目一箇神を金作者」といっているし、刀鍛冶の信奉が篤い御霊神社の祭神・一ッ目権五郎は片目だ。中沢の御霊神社はこの星宮と背中あわせだ。

また、相槌が女性というのは、中沢の鍛冶屋さまが金山姫だから、星宮の女性も金山姫だろう。ただ、『鉄山秘書』によると、「金屋子神は女性であり、なぜそうなのかは複雑な事情があるらしく、阿部氏に聞いて見なくてはわからない」となっている。そして、金山姫も金屋子神も同列に扱ってあり、金山彦も天目一箇神も同じな扱いだ。地名で言えば、星宮がある赤沢の赤は鉄を表わしているに違いない。ここに接続する下流地域は赤工で赤匠であろう。その真ん中に我々が鮎を焼いて食べる金山がある。星宮神社に近い蕨入りにはタタラ窪という地名がある。

星宮神社とは

では、鍛冶の絵馬が星宮に奉納されたのは偶然なのかといえばそうではない。奉納される必然性があったからである。赤沢の〈星宮神社〉は妙見神が祀られている。〈星宮〉は全国に分布しているが、特に栃木県に多く、『栃木県神社史』によると、県下の境内社十二を加えると一七〇社を数えるという。栃木県の〈星宮〉は虚空蔵神を祀るものが圧倒的に多い理由は、日光修験の影響によるものだ。もちろん少数ではあるが、妙見神を祀ったものもあり、両神とも同根であることがわかる。それはともかく、〈星宮〉とはなんだろう。人類が最初に接した金属は隕石に含まれたものであった。そこで、古代人は天空から落下する隕石を星の神として信仰し、日本では北極星を妙見神に、明星（金星）を虚空蔵神になぞらえた。栃木の星宮が虚空蔵神を祀るのはそのせいである。

一方、赤沢の〈星宮〉が妙見神であるというのは、丹党が妙見神を崇めたためで、元亨四年（一三二四）に信仰の中心である秩父神社境内に妙見社が合祀されている。『新編武蔵風土記稿』によると妙見社は秩父郡内に二十一社が数えられるという。江戸時代までは赤沢は秩父郡に入っており、後に入間郡に編入された。それに、タタラの頭から下った鍛冶屋橋至近の佐野家には金山様があり、周囲には金滓が多量に埋まっているが、佐野氏の系列は栃木の佐野系であって、室町時代に名栗川流域に移動して来たと伝えられている。鍛冶業を仲介にして栃木と名栗、〈星宮〉が関連しているように思える。やはり、名栗川には金属資源の入手が比較的に容易だったのではなかろうかとの疑念が捨てきれない。『秩父丹党考』（井上要著　埼玉新聞社）によれば、「妙見山下星供在家」の文字が見えている。この妙見山は現在の武甲山で、妙見宮司（星供）が在宅していると解釈出来る。

確かに、全国的に妙見神や虚空蔵神の祀られているところには金属が関係している。例えば、佐渡金山の象徴的ピークは妙見山だ。豊臣家の台所を潤した大阪府の多田銀山も妙見鉱山である。岡山市から旭川を遡った赤磐郡金山（御津町）付近は、水銀や銅を産した妙見山があり、兵庫県養父郡の妙見山には金を掘った跡があり、ここに連なる金山峠は、その昔の鉱物運搬路を示している。次に虚空蔵山の例をあげてみたい。会津の柳津《やないず》にある虚空蔵尊は有名な銀山地帯であるばかりでなく、日本三大虚空蔵尊はみな、隠れもない金属地帯だ。出羽三山の北に一〇九〇メートルの虚空蔵山があるが、昔、砂金が採れた立谷沢が山麓をぐるりと取り囲んでいる。山形県の白鷹山（九九四メートル）は有名な金属産地だが虚空蔵山の一名も持っている。宮城県栗原町と花山村の境にある虚空蔵山（一四〇四メートル）は、それこそ鉱物地帯の真上に乗ったような感覚

写真14　栃木県大平山上、大平山神社本殿隣にある「星宮」神社

さえある。このように、妙見山、虚空蔵山が金属にかかわるのは、金属鉱脈の見立て技術を身につけた山岳修験が全国を移動して、金属の山々に、自分たちが信仰する妙見神、虚空蔵神を祀ったためである。

名栗川流域、赤沢の〈星宮〉に鍛冶絵馬が奉納されたのは偶然ではなく、金属業者の信仰があったと断言出来るが、さらにその事実を補強して見る。栃木県南西にあって陸の松島として多くの人々を迎える大平山神社は本地仏として虚空蔵菩薩を祀る有名な山である。ただ、『太平大権現略記』〔天文四年（一七三九）、青木左近〕によれば、虚空蔵菩薩を祀った天長四年（八二七）以前に、「垂仁天皇御宇天目一大神為治東国」、つまり、天目一神が東国を治める為に出現したとある。『民間信仰の諸相』（尾島利雄・錦正社）を参考にすると、太平大権現には妙見信仰が伝えられており、末社として上・下二十一社がある。『懸社大平山神社御由緒調査』によれば、「下二十一社ハ往古ヨリ神秘トシテ社号神名ヲイハズ総称シテ単ニ星宮ト称セシ後ニ」村々の鎮守として移されていったと書かれている。ここで『武蔵風土記稿』の、秩父郡内の妙見社の二十一社を思い出していただきたい。この数値の一致は栃木・秩父になんらかの共通点があるはずである。名栗川沿いの鍛冶屋橋にある佐野家が栃木佐野から移住して来た話は、「星宮」「天一目神」の記憶に関連があるに違いない。

片目論争の決着

星宮神社と金属の関係は明らかになったが、かんじんの、鍛冶屋絵馬が片目であるかどうかは話題をのこしたままで、一歩も進展してない。一九九七年秋、飯能市郷土館で特別展「祈りのメッセージ——飯能の絵馬」が開かれ、メイン資料のひとつとして鍛冶絵馬も展示された。この時、「金属文化の会」の加藤伊介氏は、この機会に「片目論争」に決着を付けるべく、郷土館学芸員の尾崎恭弘氏に調査を依頼した。尾崎氏の調査結果は一九九八年（平成一〇）二月に発行された名栗川金属文化の会の会報『名栗川三十七号』に、三枚の写真と四枚の図を含む詳細なものが公表された。

「この絵馬は、拝殿内にあったために比較的保存状況はよいが、それでも板の年輪にそって彩料の剝落が多く見られる。しかし、部分的に剝落が見られるからこそ、この絵がどのような順序で描かれたかを推測しやすくなっている。その推察の中から刀鍛冶の目玉について触れていくことにしたい」に始まり、詳細な検討結果が示されるが、ここで全部を掲載するゆとりはないので結末を絞って紹介する。「少なくとも（親方の）下書き段階では目の玉が描かれてなかったことがわかる。また、左側の女性（金子屋）の両目はいずれも下書きの段階で目玉が描かれていて、目玉については描くつもりである場合は既に下書きの段階でいれていることは明らかである。それから判断すると刀鍛冶の右の目に目玉が入っていた可能性は低く、刀鍛冶は片目であったと考えるのが妥当ではないか」。まとめとして「以上、絵馬の細かな観察の結果、絵馬に描かれた刀

写真15　赤沢星宮神社の絵馬の全体と片目部分の拡大
（飯能郷土館提供）

鍛冶が片目である可能性が高いことを指摘した。板に描かれる方法や順序については、額や寺院の天井画などの事例も参考にしなければならないし、また、墨で下書きをしている様子は他の絵馬の落剝部分からも想定できるので、この問題はそれらとの比較を通して更に検討していく必要があろう」で結ばれている。

私は、片目の鍛冶絵馬は現われるべくして現われたと思っている。全国的にはこのような例が、もっとたくさん眠っていていいはずだ。

6　権五郎一人旅

権五郎の活躍

それでは暫くの間、各地における権五郎の活躍を見て行こう。群馬県に上州尊《ほ》武《たか》という山（二一五八メートル）がある。その東山麓にある片品村土出の星野某家に、平安時代末の寛治二年（一〇八八）に鎌倉権五郎が一夜の宿を乞うた。雨のために逗留が長引いて同家の桜姫と子供までつくったが、結局は都に旅立ってしまった。土出の五郎神社は、息子が権五郎の供養のために建てたといわれている。対応するのは近くの根羽沢金山であるが、私は、土出の上流にあるカナイ（金鋳）沢と、義経が野糞を垂れたというクソベの山に注目した。おそらくクソベは金属滓をいっているはずである。岐阜県と滋賀県境に一三一四メートルの金糞《かなくそ》岳というそのものズバリの山名がある。この山から流れだす草野川の上流には金滓《かなくそ》が散乱して鍛冶屋の地名が残っている。さらに岐阜、福井の県境には金草岳（一二四四メートル）がある。こ

写真16　桜井市鹿路に祀られた天一神社（祭神は天目一箇神）、（撮影・手島清光氏）

れもカナクソからカナクサに訛ったもので、福井県側山麓にはかつての木地屋集落だった芋ガ平があって、そこには多量の金滓が散乱していたことから名付けられたものだ。

　ここで注意が必要なのは、「芋」は植物の芋ではなくて鋳物のイモである。木地屋は木工業だが、木材を加工する刃物が命だから自分で鉄を吹いて刃物が打てなければ一人前とはいえない。木地師、マタギの居住地は刃物・鍛冶・鋳物とは深くかかわっている。もちろん金属の材料が入手しやすい鉱山地帯を居住地にすることは当然だが、どのような場所でも、材料は入手出来るから、名栗川のような不便な場所でもタタラの頭があって、鍛冶の文化が花開く可能性はあるのだ。文化の流通などは単一的な視野からでは把握出来ない。金属精錬の天目一箇神を祀る、天一神社がどうして奈良県桜井市鹿路《ろくろ》にあって、杉の木を御神体にしたのか。創建当時から一〇〇〇年に近い時は流れても現地を踏んでみれば一目瞭然だ。地名のロクロは回転してものを削る工具だ。ここは、木材が豊かな土地柄で、現在でも加工用の材木が備蓄されている。

当然に木材を加工するにはロクロを始めとして刃物は命だ。刃物を打ち出す金属の神の「ヒモロギ」に、巨大な杉を御神体としたのである。これを見ると「神籬」の意味は、藤井貞幹が「其人の体として祭る主を入れるものなり」、つまり鏡を、祭る人の替わりとするのは、そのものズバリだということがわかる。

山形県南部の置賜平野にやって来た権五郎は、白鷹山麓に鎮座する熊野神社にイチョウの木を寄進したという伝説がある。これは後三年の役の戦勝記念だというから、鳥海弥三郎に片目を射抜かれた時の話になる。由緒ある熊野神社の開基は「大同二年（八〇七）」で祭神は金山彦だ。ここを流れる吉野川は「逆川」とも呼ばれて、昭和の始めまで、多量の鉄や銅を算出した。名栗川沿のタタラの頭のところで、私が、ここに「逆川」があるから、地名としてのタタラは金属だろうといったことを思い出していただきたい。いずれこの問題にも触れることになる。と同時に年号の「大同二年」も問題になる。神出鬼没の権五郎は、宮城県南部、阿武隈山脈末端の五社檀山（三八六メートル）にも登ったそうだ。それなら必ず金属に関係があるはずだと思ったら、この地方は古代からの鉱石の産地で金原郷と呼ばれた地域だった。

そうこうしている間に、権五郎は新潟県南蒲原郡下田村鰍沢に姿を現わす。この辺りの鰍は、権五郎の影響で全部が片目になったのだからたいへんだ。この下田村の青海《あわ》ケ岳は大量の磁鉄鋼産地として知られている。同じ新潟県でも六世紀末の製鉄遺蹟が発見されている北蒲原群安田八幡神社の御神体は、権五郎が持ち歩いた念持仏だったために、境内の魚はみんな片目になってしまったのだそうだ。五・六世紀の製鉄では、権五郎は生まれてないから、この地は後々まで製鉄が行なわれていた可能性がある。或いは、五・六世紀に天目一箇神の言い伝えがあって、それが権五郎にバトンタッチされた可能性もある。たしか、権五郎が岩手県和賀郡岩屋に身を隠して、傍らの流れで片目を洗った時も、川の魚は片目になってしまうと共に、大又銅山が発見されている。歴史上の権五郎の活躍は東日本であったせいか、伝承として西日本で語られることは少ない。
しかし、まったくないわけではない。福知山市田和に、鎌倉権五郎と母を祀る有徳神社がある。この田和は峠のことで、峠を越えた夜久野町宮垣、梅谷、野笹、深山とともに田和も金谷地区と呼ばれて、鉱業が盛んだった。田和から一キロ上に大昔の鉱道が口を開けており、明治三〇年の公害で、蛙や魚がいなくなったことがある。ここの鉱山の発掘は、江戸時代の宝暦八年（一七五八）に採掘願いが出されてるから、有徳神社はその頃に祀られたらしい。このように、権五郎を祀った採掘師達が移動した後に、伝承や神社が残される。

さまざまな一ツ目たち

木更津市の日枝には「日本武尊が白馬に乗って上陸したが、まむしに驚いて馬が竿立ちになって落馬してしまった。その時、日本武尊は片目を噛まれて一ッ目になった。まむしを穴に入れて塞いだ場所が日枝神社である」という伝承が語られる。事実、神社の境内から弥生時代の土器や鉄剣、昭和三〇年代になって鉄滓が発見されている。焼津の「草薙の剣事件」のあと、日本武尊は伊豆から房総半島に向かう。有名なオトタチバナ姫伝説に彩られた彼の足取りを追うと、必ず鉄滓が付きまとう。古代日本統一に向かった時代の「鉄は国家なり」を彷彿とさせる話である。周囲から放火されて草を剣で薙ぎ払った有名な「草薙の剣」の話が出たところで、事件の現場である東玖佐奈岐《くさなぎ》神社ちかく、清水市庵原《いおはら》に誕生した村上利三郎氏から聞いた話をしておく。昔、タララ不動というのがあった。すぐ傍に清水が流れ、その水が地蔵さんの顔にかかって、タタラとしたたるから、それでタタラだと思っていた。思えば近くに金山という地名もあった。「カジン山」もあったが「歌人」でも住んでいたのかと思っていた。最近になって、この二つの名称は相関関係にあったということに気が付いた。タタラはタタラで「歌人」は「鍛冶ン」だったはずだ。役場で聞いて見たら、タタラの羽口などが、カジン山からたくさん出たそうだ。この話は、奈良市で土地の人たちが「大黒の芝」と呼んでいたところを掘ったら、奈良の都の「大極殿」跡が掘り出された話と酷似している。地名の訛りには面白いものがある。

古代の一大製鉄地帯であった琵琶湖西岸には凄い話が残されている。比良山系蓬莱山の麓、南船路村に貧しい農夫が住んでいた。ある日、その女房が蛇の境遇に憧れて「蛇になりたい」と山頂の池に向かった。亭主は赤子を連れて追いすがったが、女房は幼い児に別れを告げたのち、

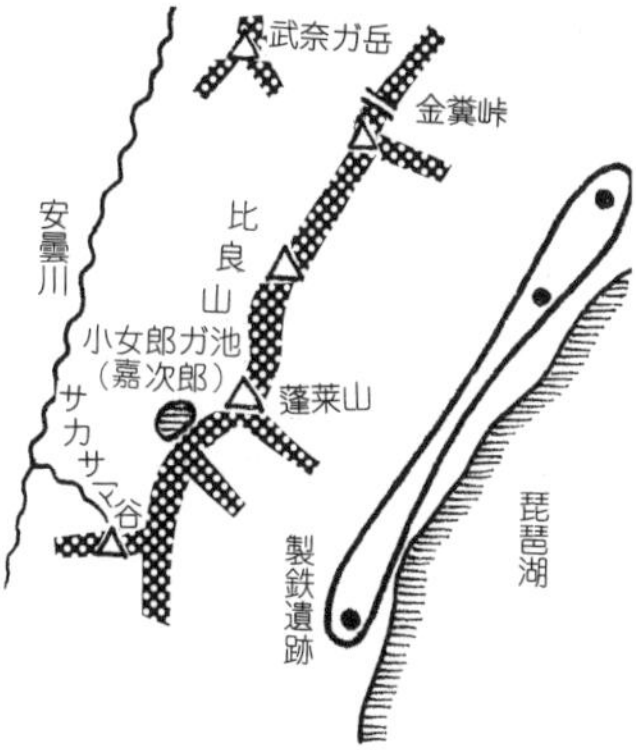

図3　琵琶湖西岸、小女郎が池

「乳の代わりに」と自分の右目をえぐり出して子供の口に含ませたという。そして「池畔の石に青苔が生えたとき、私は小松の滝の大蛇に嫁ぎます。我が子に片目を与えた思いは一〇〇年、池の魚を片目にします」と池に身を踊らせた。以来、この池を小女郎が入水した小女郎ガ池と呼ぶようになったが、一説によると嘉次郎の女房が蛇になった嘉次郎ガ池であったものが、小女郎に訛ったといわれる。これはどうやら嘉次郎イコール鍛冶郎の金属伝承らしい。何よりの証拠は、比良山系は花崗岩と古

生層の接触地帯なので、鉄鉱石産地として金糞峠にいたる山麓には志賀町の和邇タタラ谷、守山、金糞峠入り口、足田ガロ、大門など、白鳳・奈良時代の製鉄遺蹟が認められる。琵琶湖東岸の製鉄族である息長氏同様に、日本海から若狭湾に入って来た朝鮮の新羅系産鉄集団、天日矛の流れを汲む和邇氏によって鉄が造られた場所である。一ツ目伝承がさまざまな年代を経て小女郎ガ池物語に変形されたものと思われる。

一方、琵琶湖東岸の息長氏の読みオキナガはタタラに風を送り込む表現であり、伊吹山の（イブキ）も分解すれば「イ」は接頭語で、「吹く」である。息長氏の一族、伊副部《いふくべ》氏も製鉄をよくした。伊吹山麓の美濃一宮・南宮大社の祭神が金山彦であることからも、琵琶湖から関ヶ原一帯は製鉄地帯だったことがわかる。国友の鉄砲鍛冶や名刀「関の孫六」で知られる関が近い場所にあるのは、それなりの古くからの製鉄・鍛冶の技術が基礎になっているからだ。鉄砲といえば、種子島にも「一ッ目五郎」「カッパと相撲をとる一ツ目神」など一ツ目伝承がたくさんある。この島は砂鉄資源に恵まれ、古くから鍛冶が盛んな土地柄だった。なぜ鉄砲が日本全国に広がっていったのか。それは単にポルトガル船が漂着しただけではなかったのである。鉄砲を造ることが出来る鍛冶の技術が、種子島にはあったからだ。

伝承に登場する人物の名前を追って行けば、時代背景が見えて面白い。甲州騎馬軍団の山本勘助の登場には驚かされるけれど、考えてみたらこの男、片目で片足が不具だときている。おまけに出身地は三河国牛久保（豊川市）の金屋だという。有力な金属加工集団が住んでいたところだ。この符号からすると、金属伝承から作り出された人物ではないかと思われる。山本勘助は歴史上では存在が疑問視されている。武田信玄麾下のもう一人の勇将である馬場美濃守信房も登場する。

神奈川県の東丹沢の一角、三増峠の下にある幣山集落では、彼は片目として語られる。長篠の合戦のおり、松の葉先で片目を突いて戦死したが、一族は幣山集落に落ち延びたといわれる。今日でも幣山集落のほとんどを占める十三戸が馬場姓を名乗り、家紋に武田菱を使用しているのは事実である。ところが、その至近距離に鍛冶ないしは鉱物産地を示す金山地名がある。役場で聞いて見たら発掘調査はしてないので不明ということだったが、この片目伝承は鉱物資源に関係があるはずである。武田信玄は有名な鉱山開発勢力でもあったから、幣山に移り住んで伝承を残した人々は金山開発に従事した人々の子孫なのか、或いは本当に馬場氏の子孫が落ち延びて来たのかも知れない。武田信玄がどうして人跡も稀な山中に金山を開発出来たのかといえば、山岳の修験者を使って情報を集めたためだ。

7　逆川の公式

「逆川」の探険

一九九七年九月のことであった。大宮市の原田麗子さんという方から突然の電話が入った。「私は〈逆川《さかさがわ》〉について興味を持ち、調べているものです」「エエッ〈逆川〉ですか」。私は一瞬のあいだ言葉を失った。この数日前まで、アメリカのイエロー・ストーン公園でキャンプ生活を楽しんでいたので、頭が空白になっていたせいもあるが、〈逆川《さかさがわ》〉には身に覚えがある。一九八三年に『日本山岳伝承の謎』を出版して以来、常に頭の片隅にひっかかっている問題だ。〈逆川〉という地名が、不思議に金属鉱山や鍛冶屋の周辺に現

写真17　逆川と書いた橋の表示

われるのである。既に〈逆川と金属〉は公式といっても差し支えないのだが、まったく金属にはかかわりなく地形的な問題だけの〈逆川〉もあるので、そのあたりが解析されないと公式の証明が成立しないのである。「それで、あなたが興味をお持ちなのは、金属に関する〈逆川〉でしょうか」と、探りを入れて見た。そんなことに興味を持って調べている人がいようとは思えない。「もちろんです。あなたの御住まい近くの大宮市に住んでいますが、そこの〈逆川〉が、あまりにも金属との関わりが深いものですから」それなら間違いない。疑問と解決への糸口として私も、手近だから重宝している場所だ。「それにしても、よく大宮市の〈逆川〉に気が付きましたね。そして、私が〈逆川〉を調査していることをどこで耳にされましたか」「柴田弘武さんからお聞きしました」。柴田弘武氏といえば、別所と金属に関する碩学だ。つまり、日本中にある別所地名は、古代に蝦夷征伐をした大和朝廷が、捕虜にした彼らを金属作業に従事させるために、配置したところだという説をかかげ、全国の別所を訪ねて痕跡を証明している。たしかに、金属の痕跡はある。

そして柴田氏は、〈逆川〉について貴重な材料を私に耳打ちしてくれた人でもある。その件については後で詳しく述べるが、原田さんからの「逆川の流れが企業の敷地内で地下に潜っていたので、情況をしりたいために、その会社の受け付けを訪ねて気違い扱いにされた」という話は、柴田情報の次に私を驚かせてくれたニュースであった。

逆川の実例

ものごとへの興味は些細なことから始まる。なぜだかわからないが、「逆川」は奇妙に金属に結びつくのである。そもそもの始まりは、天正十八年に八王子城が落城する時、横地監物景信が藤弦に足をとられたばっかりに、片目に矢を受けて戦死した景信山の場面だ。それ以後、この山には恨みがこもって藤が生えず、木下《こげ》沢のヤマメも一ッ目だという。「御霊神社の実験」のところで話したように、八王子には片目の権五郎を祀る御霊神社があって鍛冶屋敷など八王子城を巡る金属精練の痕跡がたくさん残されている。八王子から小仏峠行きのバスに乗って、景信山を訪ねていただきたい。誰でも簡単に登れるところだ。一ッ目のヤマメが住むという木下沢の上流に景信山頂に向かって逆川が入り込んでいる。この時はまったく無視していたが、明らかに金属伝承なのである。この辺りの例はいくつかを『日本山岳伝承の謎』の中で、地図を入れてならべておいたが、現在とは見る角度が違っている。重複を恐れずに改めて数例を掲載しておく。八王子から遠くない、東京都西多摩郡五日市町に刈寄山（六八七メートル）がある。地図を開いて目を射るのが逆川だ。逆川の上流は大蛇の谷と呼ばれて、スサノオが大蛇退治をした場所だという伝説が絡む。スサノオが上陸した出雲地方は、砂鉄に恵まれて製鉄が盛んな所だ。この砂鉄を掘る、いくつもの鉄穴流しの流れが八岐の大蛇に見立てられたという解釈もある。刈寄山頂を越した反対側には、金掘沢があって武田信玄が掘ったという相当規模の金坑跡が存在している。金掘沢の下流を盆掘川というが、掘り崩した砂金をボンと称する板で掬うから

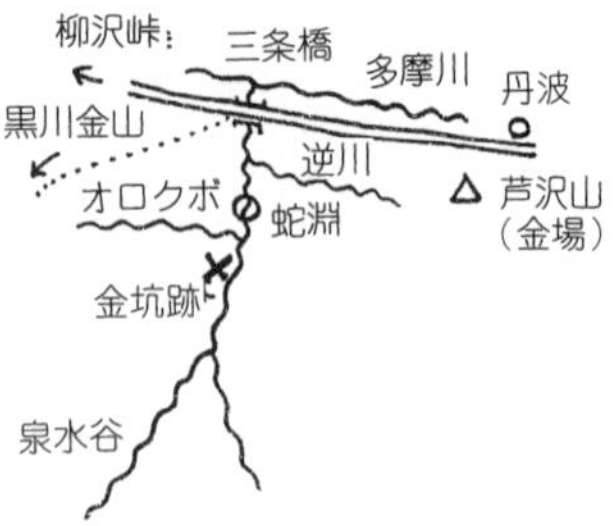

図４　甲州丹波の逆川

盆の字はそれを表わす可能性が高い。いずれにせよ戦国時代以前の痕跡のようだ。

次に踏込んだのが、埼玉県の名栗川流域だ。なんとタタラの頭から逆川が流れ下り、有馬湖を通って名栗川と合流する。位置関係は、最初に掲出した名栗川流域の地図を参照にしてほしい。合流点から少し上流に行くと名栗川を渡る鍛冶屋橋である。山登りをしていると、本流とは逆の方向から流れこむ沢を逆沢と呼ぶことがあるので、そのたぐいくらいに思っていた。見る目・嗅ぐ鼻の浅見昌一郎氏の話を聞いて見ると、「上名栗と下名栗の境界争いがあって、この川を逆に流して見ろ、そうしたら、この川をお前の方にやる」といった昔話があるそうだ。ここまで話が身近になると、そろそろ逆川が気になりだした。東京都の奥多摩山域には、カジ小屋久保とサカサオチバ沢が併流している。机龍之介が越えた大菩薩峠の登山口を目指して東京都の氷川から、青梅街道を柳沢峠に向かって登って行くと三条橋に出会う。ここから、泉水川に沿って山側に入ると〈逆川〉が合流する、位置ははっきり記憶にないが、その合流点近くにごりょう（御霊）滝があった。権五郎の御霊神社を思いおこす。逆川を上流に行くと蘆沢山（金場）になる。なにしろ、この辺り一帯は、甲州武田氏のドル箱といわれた黒川金山で、現在でも金坑跡が口を開け、黒川千軒という人家跡が確かめられる。

東北地方に行ってみよう。山形県の永松銅山は五〇〇年の歴史を誇るが、この上流を烏川、一名を銅山川といって出羽三山の月山から流れ下る。その源流の一つに〈さかさ沢〉がある。この銅山川は鉱物に恵まれている上に、月山上の鍛冶小屋、月山鍛冶の伝承が示すように、月山を中心とする出羽三山も極めて鉱物色の強い山なのである。羽黒山の黒もお羽黒石という褐鉄鉱の色から来ている。また、山形県の磐梯朝日国立公園の朝日の名称は、一四一七メートルの産金の祝瓶山から出たらしいが、この金山に相対するのがサカサ沢だ。東北地方も少し下がって、福島県白河郡に逆川村がある。『地名辞書』を見ると、「久慈川はここで東流より一転して南流につくをみる—逆川の西は金沢内」とある。ここで逆流するのが、逆川命名の由来にあたるのだけれど、表面上はどこの逆川も実際にはそうなっている。しかし、その裏に金属という伏線が引かれているのである。この金沢内に隣接するのが西白河郡金山村で、鎌倉時代の建武年間に金鉱が記録されて、「金山村の入山の奥は八溝山につづき、三里が間に黄金ほりたる跡数知れず」と、金脈帯にかかわってくるから油断は出来ない。千葉県鴨川市の山中に多々井川があり、下流を逆川というが、そこには袋倉（フーグラ）という集落がある。多々井がタタラで袋倉を風と考えた場合は、逆川があってもおかしくはない。

　色々な例をあげたが、本当に逆川は金属に関係があるのだろうか。否定しようとすれば簡単だ。地形上で逆のつくものはたくさんある、たまたま、その中の何箇所か金属にかかわるということもありうる。現に青森県西津軽郡深浦と、青森市城ガ倉渓谷にある二ヶ所の逆川山には金属の気配は感じられない。それぞれ役場に問い合せてみたが、金属の匂いはないし、深浦のほうは林道が山頂まで伸びてなくて登山は無理でしょうという答えがかえってきた。それを承知で、やはり逆川には金属がかかわっていると思う。偶然の一致を追う作業かも知れないが、答えがみつかるまで無駄な分析を続けて行くしかない。

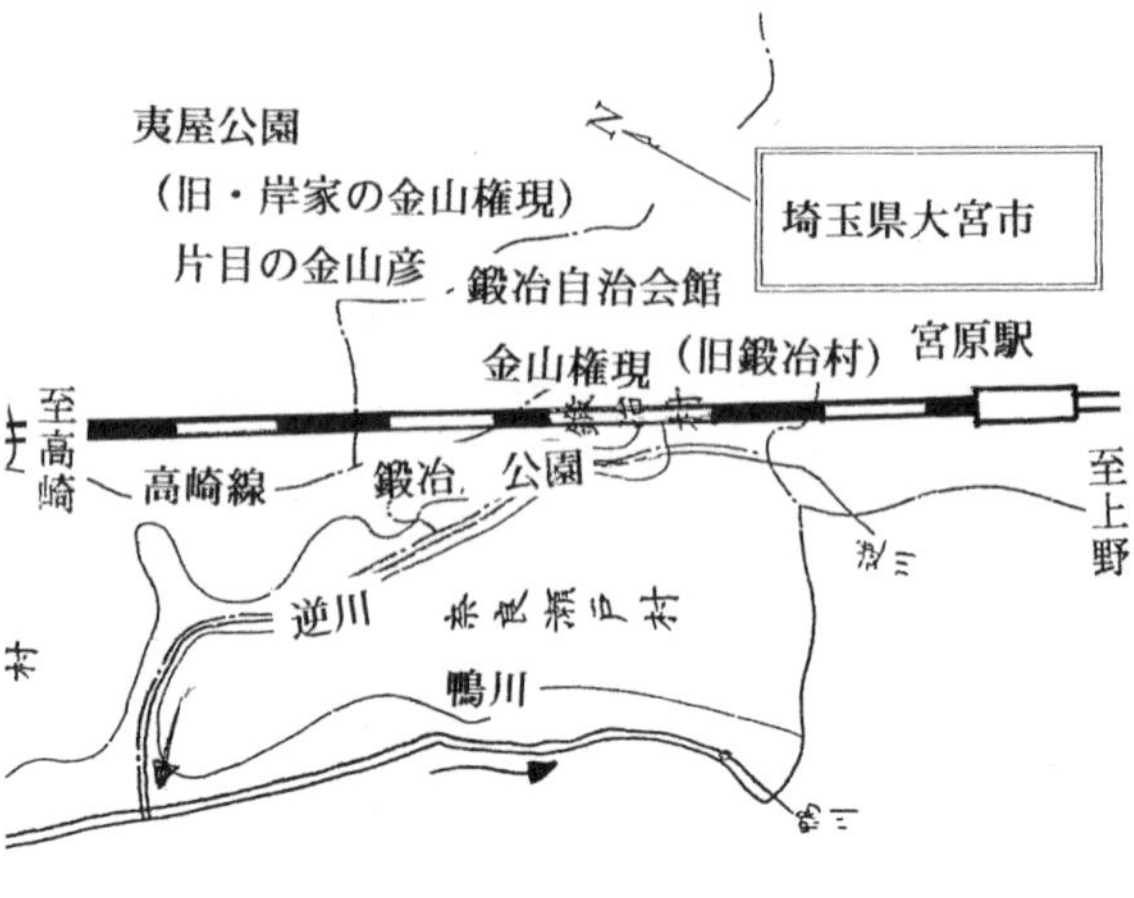

図５　大宮市逆川周辺図

逆川の答えが見えた

私は上尾市の鴨川沿いに住んでいる。隣の大宮市の地図を見て驚いた。上尾市との境付近に逆川があって、鴨川に流れ込んでいる。鴨川の合流点から二キロ弱の上流が私の家なのである。あまり近いところに逆川があるので、まさかと思って、わざわざ歩いて見ることはしなかった。我が家付近を流れる鴨川は、引っ越して来た三〇年前は狭い川だったのが、護岸工事で三倍くらいに広がってしまい昔の面影がほとんど残ってない。私はあれだけ『山岳伝承の謎』の中で逆川の例をあげながら、本気で逆川と金属の関係を信じてなかったのだろうか。いや、半信半疑だったのである。逆川そのものを遡るのは、一九八八年頃になってからだが、引っ越して来たばかりの一九七〇年には、ＪＲ高崎線に沿った旧中仙道を大宮から上尾に向って走ると、途中に鍛冶自治会館という建物があることは知っていた。現在の地図では大宮市宮原四丁目で、鍛冶などという地名はない。住民も新しい人が多く、「なぜ鍛冶自治会館なのか」要領を得ない。そうこうするうちに宮原に接する吉野町には、「片目の金山彦」伝説が存在することに気が付いた。

昔は、この付近は養蚕が盛んだったので、旧一月十五日には繭玉祭りが行なわれていた。しかし、岸家だけはその祭りに参加しない。なぜなら、岸家の氏神である金山彦が繭玉で片目を突いて、片目になってしまったからだという。間違なく金属伝承である。しからば、鍛冶自治会館と片目の金山彦の関係はと調査を始めた。『大宮市史』によると、鍛冶自治会館のある宮原四丁目は紛れもなく明治九年まで鍛冶村だったし、土地表示の台帳を見ると昭和四八年まで加茂の宮「字、鍛冶」の字が残っていた。自治会館から西に旧中仙道を越えて、高崎線の線路脇に金山権

写真18　金山権現社（大宮市）

写真19　鍛冶公園

現がある。さらに高崎線を越えたところが鍛冶公園であることもわかった。『新編武蔵風土記稿』はいう。「鍛冶村は、古えの鍛冶の住せし地なれば名とせり。武蔵鎧の作人などといえど其の実つまびらかならず」と伝えている。ひょっとしたら江戸時代に鍛冶町でもあったのかくらいに考えていたが、その頃には既に鍛冶という村名だけが残っているだけだったので、『風土記稿』がいう古とは、何時の時代だろうか。

鍛冶屋村は明治九年に加茂宮村に合併されてしまった。鍛冶公園を歩いていて、その前を流れている溝が気になった。ひょっとしたら、これが逆川ではないのか。それを鴨川方向に辿って見たが、途中で地下に潜ったりするので分からなくなってしまった。次は鴨川との合流点側から逆にたどるなど、何回もやっているうちに確実に鍛冶公園に達する逆川の流れが把握出来た。今度は、鍛冶自治会館から逆川方向とは反対の東に、数百メートル行くと夷屋《いずや》公園がある。昔はここにも金山権現があった。これは岸一族の氏神「金山彦が繭玉をさした串で片目を突いた」の現場にあたる。ここにいたって、大宮の逆川は完全に金属にかかわりがあるということがわかったのである。その時、私は改めて不思議さを感じた。たしかに、この逆川も鴨川とは逆方向の南から北に向って流れて来て合流する、文字どおりの逆川である。そこで江戸時代の地図を復元して見ると、鍛冶村は加茂の宮、吉野原、別所、奈良瀬戸にとり囲まれ（地図参照）、吉野原村には由緒のふるい熊野神社がある。『伝承の謎』では触れたが、鍛冶や鉱山地帯には吉野・熊野の地名が付きまとう。それは中世に鍛冶技術や鉱山掘りの技術を持った修験が吉野にある金峰蔵王権現や熊野権現を奉じて歩いた足跡を物語る。加茂宮も年代がわからないほど古い。元亀、天正の頃、つまり戦国時代にはこの辺りは、金子荘と呼ばれて金子駿河守が知行したと『風土記稿』にあるから、名栗川流域と同様に、鍛冶が活動したのは室町時代、或いは畠山重忠の鎌倉時代まで遡ることが出来るかも知れない。

別所が鍛冶村と隣接しているから、如何にも柴田弘武氏の「蝦夷の捕虜を配置して金属業に携わらせた」という説を裏付けるかのようだ。それに金山彦を氏神にもった、岸一族が住んだ夷屋の地名も不思議な地名だ。鍛冶村から東に数キロの所にある大宮市小深作では一ッ目小僧はカラカサ状をしているといわれ、その隣の島町にも金山権現があったそうだ。

正体見たり逆川

逆川の正体を考えあぐねていたころ、一九九三年（平成五年）一月一〇日付けの柴田弘武氏からの書簡がある。「なお、同封コピーにあるように、山形の〈たたら歌〉に、〈逆川〉が歌い込まれていることがわかりました。改めて谷さんの慧眼に恐れいっております」というものである。同封されていたのは「山形の鉱山唄考」（藻南文化研究所代表　烏兎沼宏之）の三ページ目に、「「素晴らしい山形」一九九二年一〇号に、野口一雄氏が紹介しておられる、吾妻ツヤさんが唄っている「タタラ唄」は、歌詞が豊富である。吾妻さんは、昭和四六年、九〇歳で他界されたが、その前に録音されたものである。次のような歌詞である」として

コラー　タタラ吹け吹け、吹け吹けタタラと　吹けば吹く程　金がわく　と
（アー　チョイチョイ）
（二、三番略）

石が流れる　木の葉が沈む
なぜかその川　逆川

とにかく、タタラ吹きの唄であるから、タタラ場と「逆川」は関係があると考えて間違いない。唄にある「なぜかその川」ではないが、なぜか金属地帯に不思議に「逆川」が多いと思ったのは間違いではなかったのである。逆川の謎を追い掛け初めて、確たる情報を得て衝撃を覚えたのは、この時が初めてであった。そして、次に驚いたのが、原田麗子さんからの電話であった。それにしても、原田さんが逆川の疑問を柴田氏に問い合わせたというのも不思議な話である。「石が流れる、木の葉が沈む」でハタと思い当ったのは、カジ小屋久保とサカサオチバという流れが併流している風情で、「木の葉が沈む」のところでサカサ落葉を連想してしまった。それにしても、どうして、タタラ場に逆川が流れるのか、問題が絞られるほど難しくなった。

そんなことを考えながら漫然と、江戸時代の元禄年間に書き表わされた佐竹藩士・黒沢元重の『鑛山至宝要録』をパラパラめくっていた。元禄年間といえば、赤穂浪士「忠臣蔵」事件が起きた頃だ。その中に「逆縄」が目に付いた。目をこらして見ると「戸さぎは戸下のことなるべし。是れは金堀第一の秘事にて知るもの少なし、国境の山にあるものなり。両国の鋪抜合の時、鋪の内にて境立つ時、戸下げる也。その時の縄遣いは逆縄と云ひ、境定まりての金格子をば地獄と云ひ、金格子を結び、封印は両国の役人立合封印するなり。秘事故え、あらはしがたし、知る人に習うべし」とある。つまり、鉱物を掘って行くと、坑道が二つの領分にわたることがある。その時に坑道内部で両方の境界を決めて「戸下げ」をしなければならない。その領分を決める測量縄る人から教われというのである。この測量方法は秘密であるから、書くことは出来ない。知っている人から教われというのである。

ここに至って、ハタと思い出されるのは、逆川は「境界線」のことではなかろうかということである。参考になるのは名栗川の、見る目嗅ぐ鼻である浅見昌一郎氏の、タタラの頭から流れ下る「逆川」の伝説である。「昔、一本の川を挟んで上名栗と下名栗の境界争いが起きた時、どちらかが、この川を逆さに流したら、その川を逆さまに流した方に譲る」というものだ。この話はふざけた昔話のようであっても、逆川が境界線であるというポイントを突いている。大宮市の鍛冶屋村も逆川が村境になっている。つまり、タタラ場の領域区分をいうのではないか。ここまで来ると話は次のような展開を迎えることになる。逆川の語源は『古事記』の神話にある。

それに気が付いたのは、この本の第一部で哭澤神社を訪ねた時である。イザナミが火の神カグツチを生んだために、苦しみのあまり吐瀉した神が金山彦・金山姫で、結局、産道を焼いて死んでしまう。夫のイザナギは妻イザナミの死を悲しんで涙をこぼす。その涙が哭澤女の神になる。さらに怒ったイザナギはカグツチをバラバラに切り刻む。バラバラにされたカグツチの頭は大山津美の神になり、鉱山の神として祀られ、吐瀉した金山彦は鍛冶屋、タタラ場の神になる。この金俗臭のふんぷんたる中に逆川が登場するのである。カグツチを切った剣の魂の神の名は天の尾羽張《はばり》の神といい、天の安河の水を逆さまに塞きあげて、道をふさいでいるから誰も近よることは出来ないのである。つまり、逆川の語源は遥か昔の神話にあって、他人がちかよることの出来ない境界をいったものなのである。用法としては、正式に「逆縄」の語があるくらいだから、歴とした、境界をあらわす金属用語と考えてさしつかえない。ただ、その呪縛に縛られない、純粋な地形的な逆さ川もある。

8 大同二年伝説を読み解く

大同二年の跡を見ん

兵庫県西部の生野銀山は、『銀山旧記』が述べる「天文十一年（一五四二）壬寅二月上旬に城山の南表に銀石初めて掘出し蛇間歩と号す」あたりから歴史上に姿を現わすが、伝承では「大同二年」開坑と語られる。近くの明延鉱山も「大同二年」伝承を持っている。奇妙なことに開坑年代を「大同二年」、或いは「大同年間」とする例がすこぶる多いのである。岡山県の吹屋銅山。山梨県大菩薩山域で武田信玄のドル箱といわれた黒川金山。ひところは佐渡金山を凌いだ越後の高根金山も、「大同二年」に相股弥三郎が日本海から、山上に光るものを見付けたのが始まりだとか、『秋田風土記』が語る阿仁銀山の始まりも、「大同二年の阿仁大滝丸退治の時、立願ありて田村将軍開基すといふ」とある。宮城県栗原郡の金成も、坂上田村麿が「大同二年」に観音堂を建てたことに始まり、会津の軽井沢銀山も大同年間に徳一大師が、柳津に虚空蔵堂を建てた時から始まっているという。福島県伊達郡の半田銀山も「大同年間開坑」伝承を持っている。

大同という年号は、八〇六年から八〇九年の僅か四年の間で、平安時代の初期にあたる。最初は、鉱山の開坑が不思議に大同に集中していることに関心を持ったが、それぱかりではない。柳田国男は「大同二年や大同年間は、神社の縁起には非常に人気のある年号」だといっている。ことに、東北地方では蝦夷征伐の英雄、坂上田村麿伝説が、大同二年と神社の縁起に深く結び付いている。仙台の俳人、重厚があまりにその数が多いことに戸惑いを覚えながら、「秋風や大同二年の跡を見ん」と、一句をものしている。私も、前作の『日本山岳伝承の謎』を書いたときから、重出立証法からいっても何か意味があるはずだと気になっていた。あの頃は、大同二年に『古語拾遺』を出した、忌部氏と吉野、熊野系修験の結びつきで、修験が各地に大同二年を持ち歩いたものだと、苦し紛れの回答をしていたことを思い出す。

サテ、私は山登りをするから、その方面の大同二年を注意して見たら、尾瀬の燧岳、那須の茶臼岳旧火口、蔵王の刈田岳の噴火が大同二年だと語られている。会津磐梯山は大同元年に噴火して、それを静めるために大同二年に徳一大師が山麓の恵日寺を建立したという。なお、徳一は大同年間に筑波山の中禅寺も開いたことになっている。大同二年に東国に大旱魃があったので、日光を開いた勝道上人が男体山上で雨乞いを祈願したという伝承がある。これが事実としたら、今から一〇〇〇年昔に東日本では天変地異が起きたことになるが、歴史上では何も語られることがない。

では、神社仏閣の縁起はどうかといえば、津軽の岩木山神社、苗場山の伊米神社、群馬の赤城山神社、出羽の湯殿山神社など大同年間創建のものは無茶苦茶にたくさんある。富士宮の浅間大社も、山宮の地から桜ケ丘の現在地に落ち着いたのが大同年間という面白いものもある。あまり有名でない所に触れれば、北アルプス鹿島槍ガ岳山麓の鹿島神社も大同年間だ。色々な所に電話をしたり手紙を出した序でに「大同二年または大同年間伝承はありませんか」と、質問することにしている。青森県の深浦町役場では、近くの春光山円覚寺がそうだと教えてくれた。岩手町では天台宗北上山新通法寺正覚院で、坂上田村麿が戦勝祈願をしたとか、米沢地方の熊野山証誠寺は大同元年に再建された、新潟県下田村八木守門大明神は大同二年創建という。そうかと思えば先頃、山形県大石田町次年子の海藤氏から「うちも開村が大同年間だ」と教えられた。ふと、「あまり多すぎて、真実はどうなんだ」と洩らしたら、「ああ、あの大同二年ね。あれは○○役場で聞いたら、坂上田村麿だそうですよ」と、一点の疑いもなく、常識のように答えた人がいたのには愕然とした。まったくの偶然だが、一九九一年五月二八日の放送大学だったと思うが、午後一時から三〇分間、京都女子大、瀧波貞子教授の「東北の大同二年」という講義を聞く機会に恵まれた。平素、この問題を持ち出しても、興味を示す人は少なく、話相手に困っていたので、「この伝承は、坂上田村麿の蝦夷征伐に関するもので、戦勝祈願のために神社を寄進した記憶が込められている」の講義を興味深く聞いた。この偶然は、逆川について、柴田弘武氏からそれは「タタラ歌」に出ているぞと耳打ちされた時、原田麗子さんから逆川についての連絡を貰った時、我こそは由比正雪を訴えた鍛冶屋の子孫なるぞと塚越正佳氏が名乗りをあげた時と同じような、喜びと驚きだった。

それはともかく、こんなジャンルもある。茨城県八溝山に住む鬼を、大同二年に弘法大師が封じ篭めた。西上州の御荷鉾山の鬼を大同二年に追放したのも弘法大師だ。新潟県五泉市、切畑の乳銀杏の枝から、大同二年に行基が十一面観音を作った。そうかと思えば塩原温泉は大同二年に如葛仙が発見した。埼玉県滑川村の湯谷鉱泉は大同二年の春に蓮海行者によって発見された。東京都西多摩郡羽村のまいまいず井戸も大同二年に掘られたとする。神楽の始まりにも大同が結びついている。もうそろそろやめなければならない。ドンドンと「大同二年の跡を見ていったら」、この本一冊はそれで埋まってしまう。

どうやら、大同年間は、歴史上の事実とは別な民俗学の分野のように思える。しかし、重出立証法でふるいにかけると、背景に隠されたものが光る瞬間がある。

早池峰の賦

例えば岩手県の早池峰山（一九一四メートル）だ。早池峰修験の縁起によると、大同元年に来内《らいない》村の藤蔵が獲物を追い掛けて早池峰山まで来た時に、犬が遠吼する中で金色に輝く早池峰大権現を感得して奥宮を建て、金が採れるように祈ったらたくさんの金が出たという。山麓一帯はまごうことない産金地帯だ。この山はハヤチネウスユキ草など独特の美しい高山植物を持つ山として知られているが、山名はアイヌ語ｐａｈａｙａ－ｃｈｉｎｉｋａ（東の陸の足）のごとく、ハヤチネそのものを語根とする説が根強い。しかし、ネは峰だから、語根は疾風の古語ハヤチで考えるほうが合理的だ。事実、山麓は強風帯で生活上のハヤチが生きてくる。『遠野物語』には山上で大きな風袋を背負った男を五、六人見たという話が出て来たり、早池峰の主は三面一本足の怪物で、現在の早池峰神社のご神体である十一面観音はその腹仏だとある。早池峰は明治の廃仏毀釈の結果、神社しか残ってないが、元来は十一面観音を本地仏とする神仏混合の修験の山で、早池峰神楽の起源は大同二年と伝えられている。

早池峰一帯を撮影した、上映三時間に及ぶ『早池峰の賦』（羽田澄子監督）という映画がある。中でも二人立ての権現様という獅子頭をいただく神楽が迫撮される。この権現様は片耳で火伏せ神の伝承を持つ。思えば山上から吹き下ろす強風、早池峰権現の感得者である藤蔵や、山伏修験の行くところ金属資源あり、加えて三面一本足の怪物、大同年間、すべてが金属伝承に深いかか

写真20　早池峰、権現様の獅子舞

わりを持つものだ。三面一本足の怪物とは、火を使う鍛冶・鋳物師がもっとも大切にする竈の神、三宝荒神とタタラ踏みの一本足を結合したものだ。事実、早池峰をグルリと製鉄跡が取り巻いて金属王国の面目は躍如たるものがある。早池峰から岳沢が西に下った大迫《おおはざま》町内川目の鈩野《つむの》一帯のタタラの痕跡。北側の下閉伊郡川井村域には黒森山、火石山、黒沢のタタラ跡、南側は佐比内鉱山地帯。南東にあたる白見山、貞任山、長者屋敷の鉄滓。それのみならずタタラ跡は金の産地とも重なって、古代大和朝廷がそれを狙って進出して来たと噂をされても可笑しくはない。面白いのは山麓の葡萄や火のつく地名が金属に一致する。掘り進む坑道の壁に鉱脈が葡萄状に表われるので、葡萄間歩などと名づけられるものがあるほどで、火は製鉄を象徴する。

記録映画にはっきりと映し出される神楽の由来書は、作成が長享年間（一四八七―八九）、つまり足利義政が銀閣寺を建てたころである。この時すでに神楽の由来がわからなくなっていたようで、「伝・大同二年」が一瞬ではあるが読み取れた。大同二年伝承は室町時代中期には語られていたことになる。この長享という年号は、「現われた鍛冶屋様の正体」の項で述べた、飯能市中沢の鍛冶屋様がお宮として祀られる少し前だから、時代感覚としては十分に理解できる。同時に藤蔵に代表される修験者の入部は、その時代より遥か昔であり、彼らは山麓の金属資源とともに力を得て大きな信仰圏をつくりあげたことが推察出来る。神楽の中でも金掘りが舞われる。柳田国男の『遠野物語』は、「早池峰山麓の土淵に大同と称する旧家が二軒あって、由緒は先祖が大同元年に甲斐国からやって来たからだと称している」と書いている。この話を聞いた時、あることを思い出した。山梨県上野原町の奥、西原で降矢量夫さんから、自宅で保管している神楽の面を見せてもらった時、「大同年間に始まったと伝えられている」と教えられた記憶だ。早池峰山麓で大同という家が甲斐の国から来たという話は、根拠のないものではなく、お互いに交流があったことを物語るのかもしれない。

いままで述べて来た部分は、ある種の示唆を含んでいる。猟師が山に踏み入って神仏に出会って山を開くのは「開山伝承」のパターンで、この件は後で実例がたくさん出て来る。「藤蔵」という名前も、炭焼き藤五、藤太などのように、長者伝説にたくさん出て来るが、炭を売って長者になるためには、タタラ業者が多量に買い込んでくれなければ儲けにならない。つまり、「藤」は金属伝承にかかわる用語なのである。それに「三面一本足」の怪物、鉱山の開坑年代に遣われる「大同年間」を併せれば金属伝承の面が強く打ち出されている。一応、早池峰の伝承は「金属伝承」ということにしておこう。しかし、一番重要な鍵を握っているのは「十一面観音」だということを記憶しておいていただきたい。

坂上田村麿

東北地方の大同二年は貴船明神、恵隆寺、観音堂、八幡宮など東北地方における重要な場所にかぎらず、ありとあらゆるところで語られ、必ずといってよいほど、坂上田村麿が関わっている。ここで資料『日本略記』を使って、歴史上の田村麿の話をする。延暦十三年（七九四）六月に「副将軍坂上大宿禰田村麿巳下蝦夷を征す」とあって、斬首四百五十七級、捕虜一五〇人、獲馬八十五匹、焼却した村七十五ヶ処の戦果をあげる。これを皮切りに、同十六年には征夷大将軍になり、同二十年には桓武天皇から節刀を賜り四万の軍勢を率いて東北に下った。以後、延暦二十四年（八〇五）に蝦夷征伐が中止されるまで赫々たる戦果を上げる。翌年三月に桓武天皇が崩御、五月に改元されて大同元年（八〇六）になる。さあ、いよいよ大同年間のはじまりだ。東北における「大同二年伝承」の根拠は、田村麿が多くの寺社に蝦夷征伐の戦勝の祈願をしたり、寺社を創建した記憶が留められているからだといわれる。また、彼が大同二年に京都の清水寺を創建したからだとも語られる。彼は常に公平を旨としたので、敵味方をとわず神のように崇められたという。

清水寺の建立は定かではないが、『東宝記』によると大同になる前の年、延暦二十四年に田村麿が朝廷から山地を賜り、そこに私寺を建てて清水寺と称した。もともとは坂上氏の氏寺だったようで、古くは北観音寺とも称せられ、十一面観音を本尊とした。ここから「十一面観音」と「大同二年或いは大同年間」が結びついてくる。山形県の清水寺にしても、大同二年に坂上田村麿が勧請したその地方随一の古刹と表現される。清水寺は島根県安来市にもある。ここは天台密教の霊場で、以前から観音があった場所だといわれ、本堂の建立が大同元年と語られるが、西日本にはさすがに田村麿は登場しない。伝承であるから、坂上田村麿は嘘だとか間違いだとかいう必要はないけれど、このあたりで、いやでも伝承の背景である「観音信仰」が見えてくるのである。観音信仰は西蔵・西域・中国・朝鮮を経て日本にも入って来た。奈良時代以前には除災招福祈願の対象とされ、奈良時代末期の密教の流入によって、観音の変化像である十一面観音、多羅、蓮華手などが生まれて、信仰層は厚みを増して行く。俗ないいかたをすれば、密教が入ってから十一面観音の存在が目立ちはじめる。末法思想華やかなりし平安時代になると、来世救済への信仰に変貌をとげ『日本霊異記』『今昔物語』にあらわれる、観音の恵みが伝えられるようになった。聖《ヒジリ》らの活躍によって、清水寺や長谷寺の分布にともなって西国三十三観音の設定などが普及して行く。東国に坂上田村麿の伝承がひろまって行くのは、坂上氏の氏寺が清水の観音寺で、十一面観音が本尊であること、観音信仰の拡散に伴い、それに蝦夷征伐における足跡と功績が大きかったからであろう。しかし、日本全国に広まった大同二年伝説は、坂上田村麿だけでは解けないのである。

写真21　十一面観音（向源寺）

鍵を握る十一面観音

早池峰神楽の大同年間が山梨県上野原に伝えられるためには全国規模の伝達者、或いは伝達可能な勢力が必要だ。読者の皆さんは、大同二年に登場する人物や舞台を見て、オヤッ、金属鉱山の開坑の数例を除いては、全部東日本ばかりじゃないかと思われるであろう。西日本には坂上田村麿は、ほとんど登場しないから、説明の都合で意識的に西日本の例は伏せておいた。西日本にも堂々たる「大同年間伝承」はたくさんある。北アルプスの南端に存在する、『乗鞍山縁起』が語る「大同二年に坂上田村麿が乗鞍三座の神に願をかけて大野川銀山の鎮守とした」話を聞くと、ずいぶんと西にきたものだと思うが、ここは関ガ原の東だから坂東には違いない。縁起が書かれたのが江戸時代後期の文政三年で、書いたのが明覚法印という人物だ。金属鉱山には宗教的色彩が強かったことが想像出来るし、修験者がかかわって、大同二年の坂上田村麿が延々と江戸文化華やかなりし文化・文政までつながっていたことに驚く。一〇〇〇年以上昔の神の残滓が、飯能市星宮の「片目の鍛冶絵馬」に登場することを思い出す。

大同二年伝承における西の代表は弘法大師空海である。彼が行脚の途中に杖を地面に突き立て、水や温泉を吹き出させるような話は、日本全域に及んで規模は壮大だ。ただ、東北地方のように、必ず大同年間が付随しているとは限らない。しかし、茨城の八溝山や群馬の御荷鉾山の鬼退治などのように、大同年間に空海がはるか東の方へ越境している。年号はなくても、弘法大師が諸国順錫の途次、湯殿山に登って読経したら薬師如来が出現したなどの話は多い。香川県の善通寺は空海の誕生地だといわれる。『寺伝』によれば、空海が唐から帰国した翌年の大同二年に、父の佐伯善通の名前をとって建立したと書かれている。平安時代の文書では空海創建説と、先祖が建てたものを大同二年に空海が改築したという二種が並列している。

同じ四国の話だが、愛媛県八幡浜市、大洲市、長浜町の境に、八一二メートルの出石《いずし》山がそびえ、山頂には真言宗御室派の別格本山・金山出石寺がある。寺の言い伝えによれば元正天皇の養老二年（七一八）の夏、漁師の作右衛門が鹿を追って山中に入ると千手観音と地蔵菩薩が現われたことに始って雲峰山と号したとある。早池峰では猟師、ここでは漁師と地域性によってうまく語り継いで行くのが伝承だ。その後、大同二年になって空海がやって来て金山と改めたという。正面の仁王門右手窪地に片目地蔵がある。大同二年、金山、片目地蔵とそろうからには何か金属があるはずだ。調べて見たら長浜方面から上ってくる道路近くに昭和二〇年頃まで採掘していた含銅硫化鉄鉱があるというより、そこから九州に向かって突き出した佐田岬にかけて、金山、中城、九丁、平磐、梶谷、大峰、二見、高浦の銅鉱山がある。これらは時代的には新しいものだとおもわれるが、あきらかに鉱山伝承になっている。空海といえばお遍路さんで、「同行二人」の四国八十八カ所を忘れるわけにはいかない。私は第一部の「モリ」の話も、自分の生まれ故郷で疑問を感じた話から始めたが、物心ついた頃から鈴を鳴らして御詠歌を唱える遍路さんが、家の前に立つのは当たり前だった。愛媛県内の札所を調べて見ると、大同二年建立の寺は、四十番観自在寺、四十一番竜光寺、四十二番仏木寺、四十八番西林寺、番外として先の金山出石寺、天徳寺、十輪寺で、大同元年が大蓮寺と道音寺だ。さすがに空海の生まれ故郷に近いだけに大同年間の密度は高い。

もうそろそろお気付きのことと思うが、大同伝承の「鍵」は、十一面観音、つまり、観音信仰を背負った密教の山伏、修験者にありそうだ。山伏・修験者といっても、映画に出てくるような決まったスタイルではなく、坊さんであったりなかったり、高僧あり、乞食坊主あり、様々な職種未分化の人々と考えなければならない。簡単にいえば密教寺院は山地にあり、祀られている本尊は大日如来、十一面観音、千手観音、不動明王が目安になる。大同年間伝承の舞台は、鉱山し

写真22　空海（高野山金剛峰寺）

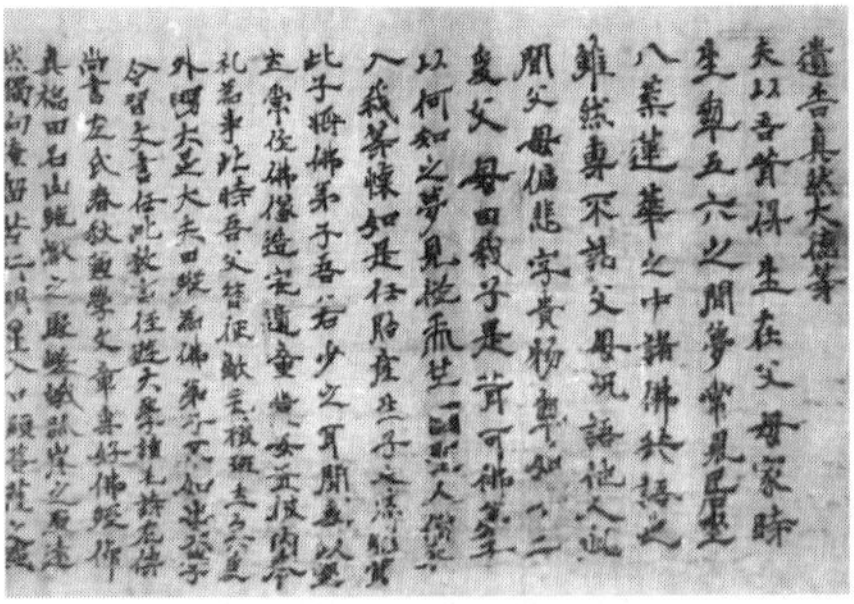

写真23　御遺告

かり、火山の噴火、山岳地域の寺院など山地にかかわる話題が多い。京都の清水寺は元は北観音堂と呼ばれ、景勝の霊地として貴族や庶民の信仰をあつめた。昔から、軍事的要地、宗教的霊地は展望がよく現在の観光名所と重なるといわれるがその通りである。ハワイ州ホノルルの象徴であるダイヤモンド・ヘッド（カイマナヒラ）などは真珠湾に潜入する敵艦を迎え撃つ要塞で、何にもまして絶好の観光地としてたくさんの人を集めている。

少し話を早く進めよう。明快に大同二年という文字が意味をもって書き留められている証拠はあるのか。確かにある。それは、空海の遺言といわれる『弘法大師御遺告』である。私は一九九九年九月、愛媛新聞社主催の文学講座の講師を勤めるために松山宇和島に行った。時しも県立美術館で「弘法大師空海展」が開かれ、多くの人達が見学に訪れていた。この時はじめて東寺に秘蔵される『御遺告《ごゆいごう》』をまのあたりにした。そこには「大同二年」が明確に記載されていた。前後の文字は「少僧、大同二年をもって我が本国に帰る」になるようだ。中国で密教を修得して日本に帰国するところを述べている。この一巻は空海が入定する七日前にあたる、承和二年（八三五）三月十五日に弟子たちに与えた遺言といわれる。弟子によって転写され、確実なものだけで六種が伝在する。解説によると、内容は東寺を真言密教の道場として純化させようという思想で貫かれており、真言宗の規範として後世まで永く崇められるとともに、東寺における聖教のなかでもっとも大事なものとして秘蔵奉持されてきた。撮影は禁止されているので、『御遺告』の絵はがきを購入した。ところが前半だけで、かんじんの大同二年が出てくる部分は入ってなかった。しかし、映画『早池峰の賦』の中に写された「大同二年」。東寺「御遺告」の中の「大同二年」の文字が重なるように私の頭のなかを回り始めた。それは真言密教の臭いだ。『御遺告』は全部偽書であるという見解もあるが、それはともかく、正史によると空海は大同元年一〇月までに帰国して、筑紫の観世音寺で中国から持ち帰った経典や文献を整理して「請来目録」を提出し、大同二年には、太宰府で田中氏の母の一周忌を修し、千手観音など十三尊を図絵している。既に、この部分で観音信仰が特筆されているものの、大同四年七月に京都に入るまでの行動はまったく伝えられていない。では、何故、大同二年なのか。この展示会からの帰途、高野山に登って宿坊にはいり、般若湯を片手に静かに一夜を熟慮して見た。高野山で目にした「大師年譜」では、大同二年は真言宗を立教開示した年と記載してある。つまり、真言密教が日本に開かれた記念すべ

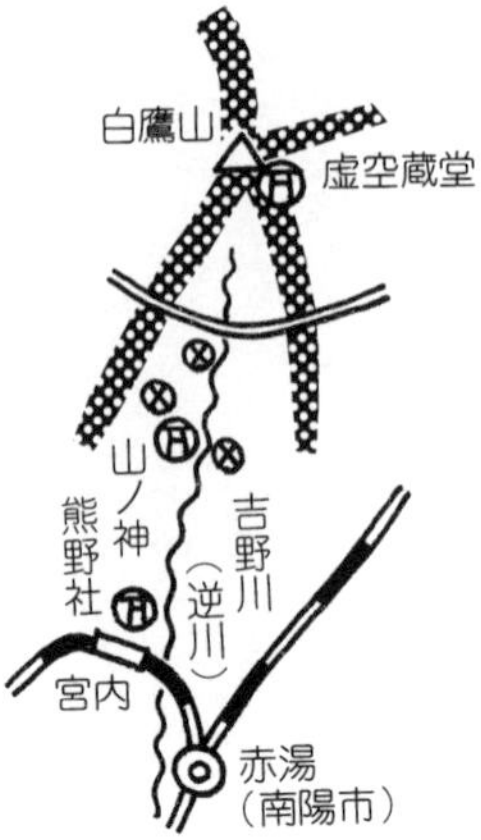

図6　白鷹山（吉野川）

き年である。それが『御遺告』に反映して、弟子によって特筆されたと思われる。記念すべき年「大同二年」は、密教で理論武装し「十一面観音」を背負った修験者によって、日本全国にばら蒔かれていったと見るべきだ。以前からあったものを押し退けて挿入されて行く。寺社の創建年代は真言宗がかかわった時点で大同二年に転換される。早くは平安時代中期から、遅くは江戸時代まで、いやいや、場合によっては明治頃まで延々と行なわれた可能性がある。東北地方の坂上田村麿伝説の多さは、観音信仰の勢いを物語ると同時に、圧倒的な田村麿人気の発露でもある。

修験者の影

前作の『日本山岳伝承の謎』を書いて行く途中で、大同二年伝承が熊野、吉野地名と一致するので、彼らが持ち歩いたと憶測をたてた。例えば山形県南部の置玉平野にそばだつ白鷹山（九九四メートル）は、虚空蔵堂があるから「虚空蔵山」とも呼ばれる。その山頂から「吉野川」が最上川の支流である松川に流れ込むまで延々と二十八キロ南流している。米沢盆地では他の川は北に向かって流れているので、吉野川は一名「逆川」といわれる。吉野川下流が南陽市に近づく宮内には「熊野神社」が鎮座して、祭神は埴山姫と「金山彦」。神社の開基は社伝によると「大同元年」。後三年の役で阿部貞任を討つことが出来たので、「鎌倉権五郎」が境内の銀杏を寄進したという。これだけ金属伝承の条件が集中しているところは珍しい。

それに違わずこの吉野川は平安時代の後期から昭和三十八年まで、膨大な金・銀・銅を産出していた。多分、熊野神社の金山彦は鉱山事業に参加していた「吉野・熊野」修験によって祀られたはずだ。話は飛んで愛媛県の別子銅山では馬立川と銅山川が合流する新宮に、大同二年に熊野から勧請されたという熊野神社がある。これなども銅鉱山にかかわる熊野系修験の姿が浮かぶ。

早池峰のところで、大同という家が大同年間に甲斐の国からやって来て住み着いたという話があったことを思い出していただきたい。ことさら甲斐が強調されるのは、早池峰と甲斐が修験者による交流をもっていたからだと思われる。この甲斐国にある黒川金山から大同二年銘の鰐口が発見されたというニュースがある。武田信玄の黄金遺蹟を実地に歩いて調査している泉昌彦は『信玄の黄金遺蹟と埋蔵金』（昭和五〇年、ボナンザ）の中に、黒川鶏冠山上に奉納されていた直径二〇センチ、大同二年銘の鰐口の写真を掲載している。黒川鶏冠山（一七一〇メートル）は、山梨県塩山市に属し、有名な大菩薩嶺の最北端のピークであるのみならず、山中には金脈があって、武田家の軍用金四十八万両のほとんどをここから掘り出したといわれる。現に、その巨大な金坑跡が口を開いたままになっている。まさに、黄金鉱脈の真っ只中に大同二年の鰐口が奉納されていたことになる。泉氏は「大同二年の跡を見ん」のような現象は、まったく知らない様子で、如何に黒川金山の歴史が古いかを証明だてるために鰐口を持ち出したらしい。

写真24 大同二年銘の鰐口

泉氏の話によると、この鰐口は十一面観音自在菩薩の懸仏とともに、昭和五〇年に黒川鶏冠山神社の里宮のある高橋集落に降ろされ、氏子代表の古谷清次氏が保管していたという。この古谷姓であることを思い出した。上野原町の奥、西原に住む、振矢量夫氏から保管している神楽面をみせて貰った時、神楽の由来は大同年間に始まったという話を聞いたことは前に述べた。古谷と振矢の漢字の違いはあっても、フルヤの発音は同じなのである。そして、『遠野物語』も、早池峰山麓に大同という家が二軒、大同元年に甲斐の国からやって来たと伝えている。

これまで、遠野と甲斐の繋がりなど考えたこともなかったが、山梨県北都留郡小菅村長作の観音堂は十一面観音を本尊として、堂宇は鎌倉時代に建てられたもので、『甲斐国志』によると、ここは長谷寺内の伽藍で、大同年間開基の伝承を持っている。この伝承の伝播は簡単で、十一面観音を背負った修験によって、早池峰と甲斐国は繋がっており、更に、奈良県泊瀬の長谷寺のみならず、全国ネットで繋がっているのである。

鰐口の行方

話を黒川鶏冠山の十一面観音に戻す。大同二年の鰐口はどうなったのか。山上から運び降ろされてから約一〇年を経た昭和五十九年一〇月十四日に黒川鶏冠山に登った。中央線塩山駅からタクシーを飛ばして、標高一四七二メートルの柳沢峠にいたる。ここからなら、ほとんど道は上下することなく、ひたひたと足裏に吸い付くような黒土を踏みしめ、色付き始めた紅葉に染まりながら二時間で鶏冠山頂に到着出来る。大同年間から一〇〇〇年を経ようが黒川山そのものにはかわりない。鶏冠山の名称は、山頂が鶏のトサカのごとき岩でなりたっているから付けられた名で、奥の院の北側はゾッとするような垂直の岸壁をなしていた。これこそ神が宿る岩座である。ここの東側三〇〇メートル下には武田時代の金坑跡が口を開いて往時をしのばせる。

鶏冠山の北面一帯はシダと苔におおわれた湿気の多い谷で、このような地面下には必ず、クロモノと呼ばれる金脈があるといわれる。この金場沢から金を挽いた石臼が発見されている。落合に下山して御屋敷集落の民宿の電話を借りて、塩山からタクシーを呼んだ。その待時間の間に民宿の表札を見たら古谷となっていた。

「おじさんは古谷さんですか」「そうだよ」

「武田家の金掘衆の子孫ですか」

「そうとも、今は建て替えてしまったけれど、御屋敷の名前どおり立派な屋敷で屋根裏部屋には火縄銃や刀が束になって転がっていたもんだ。博打の隠し部屋まであってね。武田家の滅亡後はひっそり隠れて暮らしていたものだ。私の五代前まではハッキリしている」

「それじゃあ、鶏冠山頂の奥の院にあった鰐口や鏡、十一面観音の懸仏が氏子の古谷清次さんところにしまってあるというのは本当ですか」

「本当だとも、古谷清次は私の甥でね。今は家をたたんで塩山に出てしまった。鰐口や鏡は誰かに預けてあるはずだ。現物は私も何回も見ている」

「ぜひ、拝見したいのだが」

「サテ、今は誰が持っているかな。調べなけりゃあわからないが、それは見られるよ」

結局、この話はこのままになってしまった。学習院大学が黒川金山に調査に入った時、市の文化財課にも聞いたそうだが、わからなかったという。恐らく、大同二年銘の鰐口は真言密教の立教を記念するために製作されて、修験者に担われて黒川鶏冠山にやって来て、そのままここに止まった。実際に黒川山にやって来たのは、金鉱探査を始めた室町時代後期ではなかったろうか。鉱山探査に真言系の修験がかかわっていたことがわかる。人跡もまれな甲州の山奥に、金鉱を採取したと見られる坑道があるのは、武田家が修験と組んで、彼らの情報を買っていたはずだ。テレビや映画に出てくる忍者もそんな集団で、忍者が胸に印を結んでドロンと姿を消すスタイルは、密教の祈りの姿にほかならない。

再び、小菅長作の観音堂に戻るが、ここは元、長谷寺内部の堂宇であったことが判明している。だとしたら、奈良県泊瀬の真言宗長谷寺の末寺のはずである。ところが、『甲斐国志』では臨済宗宝生寺末になっている。当初は長谷寺の末であったものが、後に臨済宗宝生寺の末に変わったもので、大同年間伝承は、真言宗の時のものがそのまま残されたのであろう。例えば、四国八十八ヵ所の第四〇番札所、平城山観自在寺の場合。愛媛県南宇和郡御荘町にあって開基は大同二年と語られる。現在は真言宗大覚寺派であるが、寺が開かれた頃は天台宗青蓮院の荘園で「御荘」の名で親しまれていた。とすると、創建のころには天台宗の寺であつたはずだ。今日でも本尊が天台宗の薬師如来であることからもわかる。脇仏は阿弥陀如来と十一面観音である。いつ頃、天台宗から真言宗に変わったかは明らかではないが、寛永十五年（一六三八）頃に変わったと思われる。その交替の時に大同二年が開基として挿入されてもおかしくはないのである。なお、空海は土佐の三十二番札所、禅師峰寺を大同二年に建立してから伊予に入り、御荘の観自在寺を開いたということになっている。しかし、大同二年当時の空海は筑紫にあって動いてない。空海が開いたという、四国八八ヵ所の成立も、大同二年同様の民俗学・伝承の世界だ。

実際に大同年間銘の遺物はたくさん残っている。長野県飯田市付近だけでも、大同二年銘の銅板、おなじく三年の銘は飯田八幡社、清水寿氏が入手した大同二年銘の鈴鏡、京都市下京区市立七条小学校校庭から、大同二十二月二十二日と記した木簡など伝承とは別に歴史的に証明されるものはたくさんある。

「大同二年」の挿入の見解は、会津の恵日寺の例でも明らかだ。『磐梯町の文化財』(磐梯町教育委員会)では「恵日寺は伝説によると、大同二年弘法大師の建立といわれている。しかし、恵日寺の創建者は徳溢(徳一)であって、縁起に見える弘法大師の建立は、恵日寺が真言宗になってから生まれたことであろう」と結論付けている。早池峰神社の場合も最初は天台宗であったが、寛治年間(一〇八七—九三)に真言宗に改宗しているから、開創とされる大同二年はその時に挿入されたもののはずだ。その証拠に別当寺は遠野と岳の妙泉寺(天台宗)である。早池峰において、藤蔵が山に分け入って権現を感得したという開山伝承、伊予の金山出石寺の猟師、作佐衛門が鹿を追って山中に入って千手観音が現われたなどの開山伝承は、真言密教の大同年間伝説と同工異曲を奏でるのである。

狩場刑部の正体

空海が鎮護国家の根本道場をつくる目的で高野山に向かったおり、途中で白と黒の二匹の犬を連れた高野山の地主神である丹生明神の一族、狩場明神に案内された話がある。この時点から、各地に「狩場某」が持ち運ばれるのである。昔々、いつの頃かわからないが熊野山中にヒトツタタラと称する一ッ目一本足の怪物が住んでいた。大雲取山で旅人を襲ったり乱暴するので、討ち取ろうとするが、妙法山の大吊鐘を奪って、かぶり歩くために矢がはねかえされてしまう。そこ

写真25　狩場明神

で色川に住む狩場刑部左衛門が、怪物の油断をみすまして、一ツしかない目を射抜いて退治したそうだ。ヒトツタタラとは、タタラ師が片目であることと、足踏みで足を痛めた番子の一本足をいったものである。狩場刑部の登場によって、俄然、鉱山仕事に密教系の修験が深いかかわりを持っていたことがわかる。伊吹山麓の南宮大社に行くと、和歌山県勝浦市色川の妙法鉱山の銅原石が奉納されている。色川の色は鉱物をいったもので、鉱山名の妙法とは熊野三山の大雲取山、那智山、妙法山から採られたものである。

この熊野系の修験が、各地に移動すると同時に地名もトランスポーテーションを引き起こす。

東京都の最高峰、雲取山（二〇一八メートル）に注目してほしい。この山には大雲取沢が流れているので、かつては大雲取山であったことがわかる。そうすると、この山から埼玉県側の白石山（一九二一メートル）、妙法ガ岳（一三三二メートル）へと、山伏が三山駆けをしていたことを考えると、熊野の大雲取山、妙法山、那智山が移転して来たことがわかる。今度は雲取山から角度を変えて山梨県方面に奥秩父縦走路を行くと、飛竜山が現われる。熊野の飛竜権現を祀った山なのでそう呼ばれるが、それ以前は大洞《おおぼら》山で、地図によって「飛竜」或いは「大洞」を遣った。登山者が山名の混乱を起こす原因は宗教的山名が別に被せられるためである。それは宗教的な開山だ。とにかく飛竜山を越えれば、やがて牛《ご》王院《おういん》平に出る。ここは牛蒡金が掘り出されたところだなどと言われるが、実は、熊野修験がいただく牛王宝印の名前をとったものだ。更に歩を進めると、雁坂峠（二〇五〇メートル）にでる。この西北の高地に磁鉄鉱床があって金山沢が流れだす。ここの妙法鉱山は江戸幕府が創設された一六〇三年頃の開鉱らしいが、鉱山名は熊野三山の妙法山から採られたものである。このような山中の地名によって熊野の修験によって道場が転移して来たことが明確であり。修験が移動してくると金属鉱山が発掘される。だから、ここにもヒトツタタラや狩場刑部の伝承があっても不思議ではないのである。

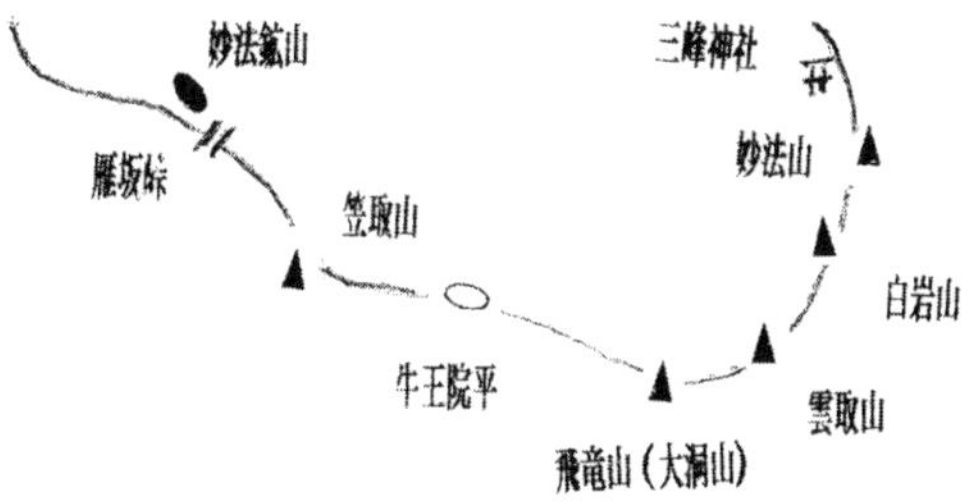

図7　雲取連峰

もう一例をあげると、栃木県の那須・茶臼岳（一九一七メートル）には、大同年間に弘法大師が登山したという伝承がある。その解明の手立ては地名、山名にある。今なお噴煙をあげる主峰は茶臼岳と呼ばれるが、月山という宗教的呼び名があって、大同二年噴火伝承を持っている。その南には南月山《みなみがっさん》があるが、出羽三山の修験による白湯山信仰「宗教的な開山」の意味がわからなくなって、「みなみつきやま」とルビをふったハイキング地図がある。月山は山形県の羽黒三山（月山・湯殿山・羽黒山）から転移したものである。月山と南月山の間の峠から北に進むと姥が平に出る。そこから沢に下ると、御宝泉といって、温泉が滝になって流れる場所がある。ここが御秘所《ごひそ》と呼ばれる核心部で、出羽三山にあてはめれば湯殿山にあたる。、近くに関東ではよく知られた三斗小屋温泉がある。そこから、三斗小屋宿にむかって下山すると志津の平に出る。これらの地名を覚えて出羽三山の地図を開いてほしい。そっくり当てはまるはずである。この山域から小規模ながら銅が採れた。

山梨県の産金の山である大菩薩山域にも、狩場明神伝承が語られる。時は鎌倉時代といわれるが本当はいつだかわからない。小菅の藤木善兵衛が長峰山で金の十一面観音を掘り出した。後の代の当主が小菅の箭弓神社に合祀したら、観音が夜な夜な夢枕にたって「他人と同居では息苦しくてかなわん。どこか高い山に祀ってくれろ」という。そこで、平将門の一門が狩り場の守りとして祀った狩場明神の祠に祀った。土室・小金沢谷に入る猟師は皆、この神に豊猟を祈るようになったそうだ。十一面観音を掘り出した善兵衛は鍛冶屋で鋳型用の土を採りに行ったともいわれる。小菅は長谷寺の十一面観音と大同二年伝承があるように、真言密教にふかくかかわっている。

これによく似た話で、赤倉銅山がある。奈良県の伯母ガ峰一三四二メートルでは「イッポンタタラ」なる怪物が暴れまわる。そこで、斑犬を連れた弓場（あるいは射場）兵庫という者が鉄砲で討ち取った。狩猟と金属伝承の重複は、金属も鳥や獣と同じく山の中から採れるものだ。時代を遡るほど猟師、樵と鉱山師、鍛冶屋は整然と区別されるものではなく、彼らはこぞって金属を必要とした。例えばマタギにしても、刃物は自分で打ち出さなければ一人前とは認められなかった。動物の殺生に明け暮れる彼らは、深く十一面観音に帰依して真言を唱えて善行を施す民でなければならない。このように、真言密教の力は全国に波及して行くのである。

山を開く

平安時代の始めに最澄、空海という高僧が現われて天台宗・真言宗を開いたことは、ひとり仏教史の上だけでなく、古代思想史上でも大きな時期を画することになる。二人は中国に渡って日本に「密教」を伝え、比叡山、高野山を開いて山岳仏教を提唱すると、日本の仏教は密教的色彩に塗り替えられたと見えるほどの変動が起きた。「大同二年伝承」は、組織化された密教の理論的根拠が意識されたもので、実際には時代はもっと下がるが、既に聖地とされていた山も、この理論武装によって新たに開山と称されたり、未到だった困難な山も続々と開かれて行く。理論武装とは何かといえば、修験道の極意は「即身成仏」といわれ、山伏修験は大日如来または、その教令倫身たる不動明王と同体になるために、山岳を跋渉して決死の「抖《と》擻《そう》」（回峰）行をつむ。

ここで気にかかるのが、北アルプス剣岳（二九九八メートル）の登山年代だ。明治四〇年七月十三日、陸地測量部の一行が、前人未到と思われていた山頂に這い上がって驚いた。すでに長さ八寸一分、厚さ三分の釈杖の頭と、長さ一尺の槍の穂先がおかれていた。奈良・平安朝の作とい

写真26　剣岳の遺物

われ、密教の進出とほぼ時を同じくしている。この山の前衛として西に張り出した大日岳（二四九二メートル）を足掛かりに、不動明王の剣に例えられた山頂が指向された。恐らく剣岳に初めて人が立ったのは、山頂と大日岳に残された遺物が平安初期を示すとおり、より大同二年に近い時期に、密教修験によって達成されたものであろう。

　剣岳の隣にそびえる立山の『縁起』にしても、大宝元年（七〇一）に佐伯有若が越中の国司であった時、息子の有頼が白鷹を追って立山の奥深く入り、熊に襲われたのでハッシとばかり弓矢で射たところ、熊は阿弥陀如来、鷹は剣岳の刀尾天神だったという。これは古くからある阿弥陀信仰に、後年になって密教思想がプラスされたものと思われる。このようななかに、観音信仰を背負った人々が様々な山岳色の強い「大同年間伝承」をばら蒔いて行く。傾向的にいえば先に天台宗があって、後から真言宗が入り込んで行く例が少なくない。いずれにせよ、空海の「教法を慎み守れ。われ永く山に帰らん」の思想は大同二年伝承の中によく受け継がれている。

9　プルガサリ(不可殺)

朝鮮半島の鉄人

一九九八年七月にはアメリカ映画のゴジラが日本に上陸した。ほぼそれに重なるように北朝鮮映画のゴジラ版ともいうべき、「プルガサリ」も上陸して人気を博した。プルガサリは鉄を食べて成長する怪獣である。映画の時代設定は高麗朝末期、プルガサリそのものは朝鮮半島では誰知らぬもののない有名な民話で、遥か昔から伝えられて来た話である。『万葉集』の時代でさえ、「昔々」と切り出される話があるようなもので、

図8　プルガサリのイメージ・スケッチ
（薩摩剣八郎）

それこそ昔々からの話らしい。

ストーリーを紹介する。場面は、とある村の鍛冶屋風景から始まる。老鍛冶屋のタクセと美しい娘アミ、婚約者のインディなどが登場して、一見のどかな雰囲気が流れるが、民衆は朝廷の圧政に苦しめられていた。この国でも指折りの鍛冶の腕を持っていたタクセは、農民から無理やりに取り上げた農具を、武器に鋳なおすように命令されている。しかし、人々の困窮を見兼ねたタクセは「プルガサリ」に食べられたといって、農具類をコッソリと農民に返してしまう。「馬鹿なことを、プルガサリなどいるはずはない。農具をどこに隠したのか」と拷問を受ける。アミと弟のアナが届けてくれた飯粒で、涙ながらに小さな人形を作ったタクセは息絶えてしまう。姉弟は父親が握り締めていた人形を形見として大切にしていた。ある日、裁縫の針で怪我をしたアミの血を浴びて人形に命が宿る。それが小さなプルガサリだった。愛敬のある動きだが、針や手近にある金属を食べてたちまち巨大化したプルガサリは、立ち上がった農民軍とともに、朝廷軍を次々に打ち破ってゆく。ところが戦いが終わって平和が訪れた後も、プルガサリは鉄を食べ続け、民衆の守護神から巨大な厄介者になってしまう。

映画は、昔話を元に美しくも悲しいストーリーに構成されて、当時の民衆風俗にも細かく目を配っている。高麗朝末期といえば十四世紀で、日本では室町幕府の三代将軍、足利義満の晩年で、飯能市中沢の鍛冶屋様が祠として祭られるより一〇〇年も前だ。巨大なセット、一万人にも及ぶエキストラを動員した戦闘場面は躍動感溢れるスペクタクルである。撮影の話題としてはプルガサリの中に、日本のゴジラ俳優である薩摩剣八郎が入ってユーモラスな動き、迫力満点の動きを熱演している。撮影の情況については、薩摩剣八郎の『ゴジラが見た北朝鮮』(一九九四年、文芸春秋発売）に詳しく書かれている。表紙の副題には、金正日映画に主演した怪獣役者の世にも不思議な体験記となっている。それによると一九八五年に申相玉《シンサンオク》監督の手で完成していたが、一九八六年三月十六日に当の申相玉監督がアメリカに亡命してしまったので、プルガサリの日本公開は立ち消えになってしまった。薩摩剣八郎は著書のなかで、「だが、いつの日か、『プルガサリ』が人々の目に触れる機会が来ることを信じたい」と書いているが、一九九八年に実現したわけだ。

時を同じくしてアメリカ版のゴジラが日本に逆上陸して劇中で魚を食べる。プルガサリは鉄を食べる。この鉄にこそ重要な鍵がひめられている。民話としてのアミは悲劇のヒロインだが、映画のテーマは叙情味豊かなストーリーとは別のところにある。鉄を食べて成長するプルガサリは鉄を象徴する伝説だ。鉄が農具に使われれば生産は増大して農民に富をもたらす。武器として使用されればこれほど危険なものはない。「鉄は国家なり」。古来から国家の統合は鉄の武器によってなされたものである。そして、平和が達成された後も限りなく鉄を欲するプルガサリ……。

自らの血が生み出したプルガサリを、自分の命を犠牲にして消し去ろうと決心をしたアミは非常に大切なことを口にする。「この国の鉄を食べ尽くしたら、人々はプルガサリを他の国に連れていって鉄を食べさせようとするだろう、そうしたら戦争が世界中に広がって大変なことになる」。武器を作り出した人間が、武器をセーブ出来なくなってしまう。私たちの先祖は民話を借りて、将来に警告を発しているのである。この映画に秘められた民俗学的な面白さにもひかれる。全身鉄の怪獣には手も足も出ない朝廷軍は、巨大な弓でプルガサリの目を射るが倒すことは出来ない。朝廷軍の最後の切札は大砲を作って、攻め寄せる農民軍とプルガサリを倒すことだ。大砲を製造する場面が映し出される。そこには二基の製鉄炉が稼働して煙が上がっている。鉄造りの工程には十分な考証がほどこされていて、何だか溶鉱炉の傍にいるような温度を感じた。製鉄炉を日本では俗にタタラと呼ばれる。タタラで鉄を造る親方（村下）は、温度を知るために、炉内で赤く燃える炎を見詰めるので、片目を悪くしてしまう。それが一つ目伝説の原点だ。つまりプルガサリの目を射るところに反映されている。タタラに風を送って火力を強める職人は番子といって、代わり番子にフイゴを踏むから片足を痛める。これが「一ツ目で一本足」の唐傘妖怪に成長する。

鉄大人

鉄人伝承は日本にもある。一番スケールが大きく、しかも朝鮮半島との関わりを示すものに、瀬戸内水軍を率いた伊予・河野氏の系図に不思議な記事がある。『河野家譜』によると、河野氏はそもそもは孝霊天皇の第三王子である伊予王子が、南蛮西戎の押さえとして伊予の国にくだって河野氏の初代になった。さらに、その第三王子が小千《おち》に居館を建てたので小千と呼ばれるようになった。現在の愛媛県越智《おち》郡のオチがそれである。それから四代を経た三並の時、三韓侵攻のために十人の将軍が派遣された。三並も第三番目の将として渡韓したが、講和を結んで日本に帰国。末尾に「異神功皇后之時代」と注釈が付けられているから、神宮皇后の三韓征伐とは別な話だぞとことわっている。さらに、それから十代を経た益躬の記事が問題になる。系図に書かれた内容によると、

推古天皇の時代のこと、鉄人を大将とした三韓戎人八千が九州に攻め寄せて来た。三韓は朝鮮半島だが、戎については靺鞨（ツングース）とした本もある。鉄の鎧を着て弓矢を防ぎ、その強さはいいようもなく、手のほどこしようがない。先祖の三並が三韓を攻めた例にした

がって、益躬にも朝廷から出兵の命が下った。いそいで九州に赴いて戦ったが歯が立たない。そこで色々と策を巡らし、敵は道不案内なのでわざと降伏し、都に攻上る先導を勤めたいと申し出て油断させる。その間に弱点を見付けて討ち取ろうという寸法である。益躬の降伏申し出に鉄人は喜んで、先導を命じる。やがて播州から明石浦の和坂に着く。鉄人が油断している間に探りを入れると、足の裏に目があって、そこを狙えば致命傷を与えることが出来るとわかった。油断をみすまし、隠し持った矢で足裏の一眼を一撃して鉄大人を落馬させた。そこへ益躬の臣下で出江橋立というものが走りよって首をとった。益躬は、この度は自分の軍功とはいいながら、三島明神の加護がなければなしえなかったもので、播州大蔵谷の西に新たに一社を建立して三島大明神を勧請した。三島神とは現在も国宝の島といわれる愛媛県の大三島に鎮座する神である。益躬は伊予の国で鴨部太神の号を贈られたという。

最近は西部瀬戸大橋（しまなみ海道）の開通で、中国・四国どちら側からも短時間で見学出来るようになった。

この益躬の五代後の守興の記録に、天智天皇の時、蒙古退治の勅命をうけて新羅におもむき、数々の軍功を上げ三年して帰国した記事が見える。この異常に多い朝鮮半島とのかかわりは一体どういうことであろうか。『日本霊異記』（上の第十八）に伊予の大領の祖たる越智直《おちのあたい》は、百済の救援に赴き白村江の戦いに破れて、唐の捕虜になり数年後に帰国したという話はこの記事に対応している。また、『伊予国風土記』では、大三島の神である大山祇は和多志の大神といって仁徳天皇の頃、百済の国から摂津の御島《みしま》に渡って来たと書いてある。移動するためにはそれを奉持する人の力がいる。越智氏の勢力の中に朝鮮半島系の血が流れこんでいる可能性がある。もうひと

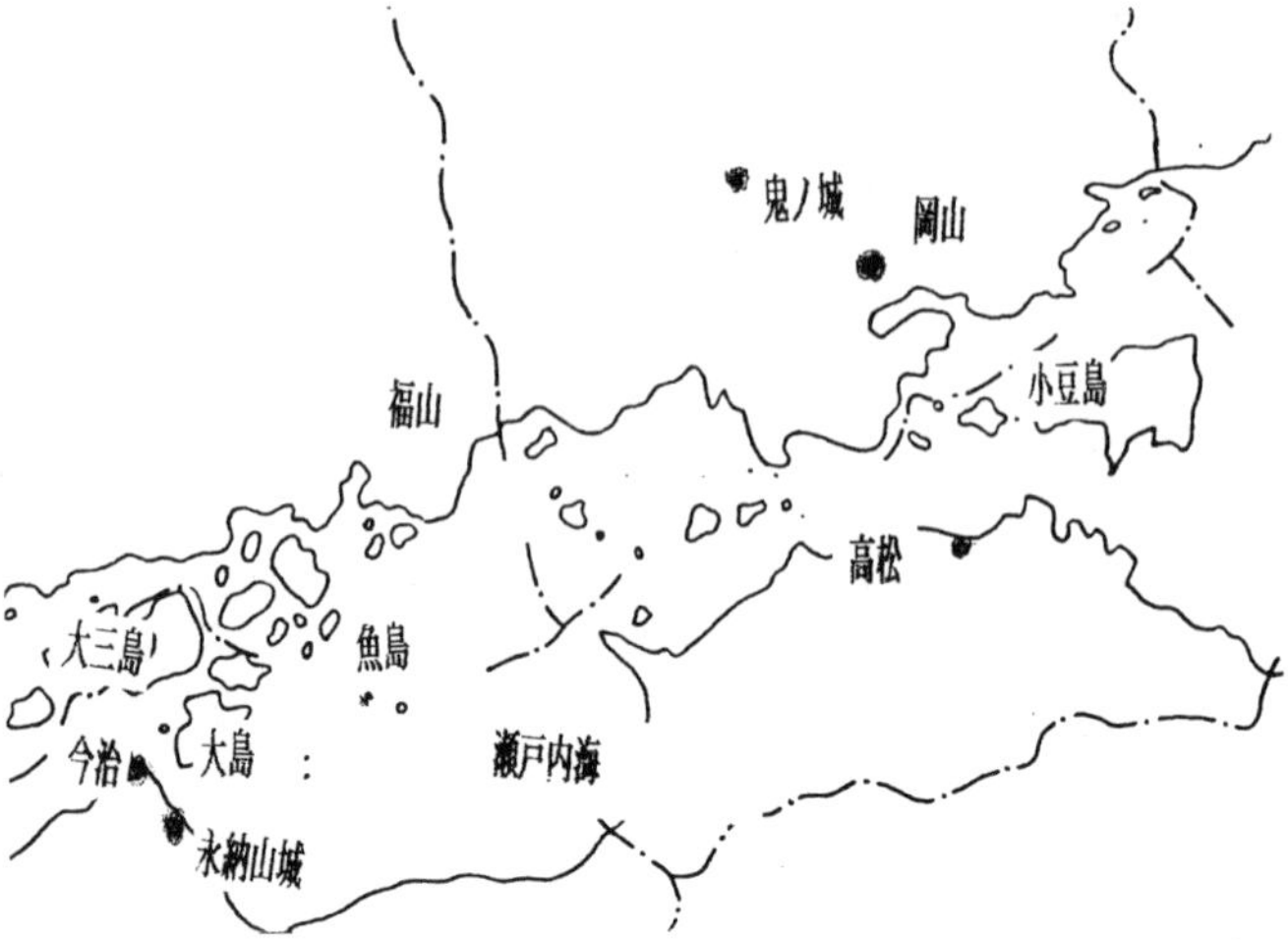

図9　瀬戸内図

つ気になるのは、益躬が鉄大人を倒した記念に播磨国大蔵谷に三島神社を勧請したという部分だ。この位置で思い当るといえば、天《あめの》日矛《ひぼこ》のことだ。『日本書紀』の推仁天皇の代に、新羅の王子の天日矛がやって来たが、日矛とは製鉄集団を象徴したものだといわれている。日矛は播磨国宍粟《しそう》邑と淡路島の出浅の地を貰ったものの、永住の地を求めて各地を巡歴して但馬の出石《いずし》を本拠にする。播磨の宍粟郡千草町は日本刀の材料にもっとも適した千草鋼の産地だ。天の日矛が歩き回った地域はみな鉄の産地だ。播磨の大蔵谷も、越智氏の伝承として日矛の影を意識している風がある。

『群書類従』によると、小千の御子は四国に四十一の支館を造り「土左之鬼類多数捕虜帰国。当国白人之城蔵」。つまり、土佐の鬼類を自らの本城である「白人の城」に閉じこめたということになるが、「白人《はくじん》」は「新羅《しら》人《ひと》」ではないのか、また、白人明神などとして出て来るが、これは新羅明神であって小千氏には新羅系の血が流れていると思われる。また、大同二年伝承のところで出て来た、愛媛県南部の佐田岬の付け根にある金山こと、出石山だが、日矛が居を定めた但馬の出石と共通しており、ともに金属に関わりの深い地域だ。

瀬戸内の真ん中あたりの、愛媛県越智郡魚島は周囲六・五キロで二九〇人がすんでいる。島の北部傾斜に五世紀末から六世紀始めの祭祀遺蹟が眠っており、昭和四五年の土砂崩れによって多数の遺物が発見された。この大木遺蹟から出たものは、滑石性の有孔円盤（鏡の模製）、勾玉など七〇点だが、瀬戸内沿岸でこれほど多量に見つかった例は少ない。特に注目にあたいするのが朝鮮半島からの鉄挺である。なぜこの島にそんな貴重なものがあったのだろうか。丁度、この魚島は瀬戸内縦断の主要航路上にあるから、補給・避難のための重要拠点だったのである。航海する人は貴重な品々を海の神に捧げて安全を祈った。当時の島の人々は漁業の合間に塩を作って行き来する船から物々交換で物資を入手していた。このラインを西に辿れば、大三島、伯方島に達する。「伯方島の古代遺蹟」（『愛媛の文化』十八号・村上和馬）によると、古代は漁業の島かと思われがちだが、大夫遺蹟を始めとして、古墳から奈良時代にかけて鉄滓や火口片が島内全域にわたって出土して、往時は製鉄の島だったと考えられる。と同時に島内の丘という丘には古墳があり、この島の伊方浦に伊方神社があって、天目一箇の神が祀られていた。伊方は鋳型だといわれて、村人の片目はみな小さいと伝えられているから、紛れもない鉄の島である。現在では伊方神社は北浦の地に合祀されて、伊方神社のあとは須賀神社が祀られている。昭和六〇年頃にこの辺りを長年にわたって調査して来た、吉海中学校の藤田喜義氏に案内して貰い色々な話を伺った。

須賀神社からはたくさんの鉄滓が出たそうだ。ここなら、朝鮮半島から運ばれる鉄挺を入手することは難しくない。隣接する島嶼《しょ》に越智氏が奉持した三島明神、大山祇を祀る大三島があって、そこにはタタラ岬もある。この海岸の砂浜から大きな鉄塊が見つかったそうだ。そこは潮流が舞い込む岬の内側で、大島のタタラ地域と地形がそっくりだという。古代伊予では今治付近がもっとも開けて国府がおかれたことと、伯方島の製鉄は無関係ではありえない。大三島と伯方島と大島がひとつのグループをなしているが、大島を案内して貰った時には驚いた。島の真ん中にそびえる八幡山（二一〇メートル）の山麓にかけて、たくさんの古墳跡があり、一〇〇基に及ぶということであった。島全体に七世紀頃の朝鮮式山城の痕跡が残され、石垣に使われたと思われる巨大な石が、埋め立てのために海に沈められていた。この島にはこんな石はないので他のところから運ばれたのだろうという。八幡山から見下ろす位置に、今治市と東予市の間にある環状石垣一五〇〇メートルを持った朝鮮式山城・永納山《えいのう》がある。そこから、十五キロの距離に波止浜《はしはま》の塔の峰（ここにも山城の石積みが残る）、そして大三島の薬師岳にも山城が築かれていたのである。このラインがさらに広島県との境になる岡村島へと伸びて、瀬戸内海を完全に分断するこの山城ラインは何を意味しているのであろうか。一九九九年に竣工した西瀬戸大橋は、ちょうど、この山城ラインに沿って掛けられたもので、複雑な島々の重なりが様々な潮流を生み出し急流が渦巻く。後世の瀬戸内水軍はこの時代の城跡を利用して勢力を張ったのである。瀬戸内では、あまりにも平家の悲劇が有名になったので、古いものはすべて源平にむすびつけられた。しかし、華やかな国際的舞台であったのは、むしろ五世紀から七世紀の頃だったのである。藤田喜義氏に案内してもらった大島の東端沿岸に、能島水軍の本拠地である能島がある、全周七二〇メートル程度の小島だが、複雑な海流に囲まれ全島要塞の島だ。ここにも、天目一箇神が祭られているのは、瀬戸内の鉄の流れがここにも証明される。

片目と桃太郎伝説

岡山県の吉備地方、総社市郊外の標高四〇〇メートルの山上を、巨大な石垣が延々と山腹を縫い谷をわたって、全長二・八キロにわたって取り囲み、東西南北に四ヶ所の城門跡と同数の水門をもった山城がそびえている。七世紀頃の山城であることははっきりしているが、古代日本最大の土木技術であった仁徳天皇稜をはるかに上回る規模だ。城内の広さは三十二万平方メートルに及んで岡山平野を一望に納めている。一九九七年の暮れに発掘された南門は、巨大な花崗岩が敷き詰められて高度な技術を伺わせる。しかも門構えは現在の岡山城に匹敵するというから凄い。しかし、誰が何のために築いたのか『古事記』『日本書紀』にも、まったく記録が残されていない。昔、鬼が住んだという伝説があるから、鬼《き》ノ城《じょう》と呼ばれている。何回も調査が行なわれて朝鮮式山城だといわれている。手元の新聞記事の日付によって、私は一九七九年一月頃から、この山城に興味を持っていた。

写真27　朝鮮式山城「鬼の城」(岡山県吉備地方)

そして、ここは桃太郎伝説の発祥の地だという呼び声が高く、「いざ鬼どもに対面せん」とばかり、城郭研究家を名乗る吉沢直幸氏と、一九九八年八月十五日に現地を訪れた。考

図10　片目を射られた温羅

えてみたら、ここは吉備の国だから桃太郎の黍団子は吉備団子でよいわけだ。総社市の観光課から貰ったパンフレットによって、桃太郎伝説を紹介して見る。

　第十一代垂仁天皇の頃、吉備の国に異国の王子が舞い降りた。名を「温羅《うら》」といい、身長四・二メートル、両眼は虎か狼のようにらんらんと輝き、髪や髭はぼうぼうとして、性質はきわめて凶悪。温羅は備中国新山（総社市奥坂）に居城を築き、西国から都へ送る貢物や婦女子をしばしば掠奪したり、気に入らぬ者は鬼ノ釜で煮て食べたりしていたことから、ひとびとは温羅を鬼神と呼び、その居城を「鬼《き》ノ城」と呼んで恐れていた。温羅の悪業にたまりかねた人々は大和朝廷に温羅退治を申し出る。さっそく武将が送り込まれたが、温羅は神出鬼没にして変幻自在。武将はことごとく破れ去った。そこに白羽の矢が立ったのが、武勇に優れた五十狭芹彦《いさせりひこ》命（吉備津彦）。命《みこと》は大軍を率いて吉備の中山に陣を張り、片岡山（倉敷市矢部）に石盾を築いて戦いに備えた。

　いよいよ合戦の時、吉備津彦が放った矢は、鬼ノ城から温羅が投げた岩と空中でぶつかっては落ちてなかなか勝負がつかない。矢と岩が落ちた場所といわれているのが、吉備津彦神社と鬼ノ城の中間点にある矢喰宮（岡山市高塚）。ここはその時ぶつかりあって落とされた弓矢が祀られているといい伝えられている。そこで吉備津彦は神力を発揮する。強い弓を使って一度に二本の矢を放ったのだ。これには温羅も不意をつかれ、一本は温羅が投じた岩とぶつかり落下したが、もう一矢は吉備津彦の狙い通り、温羅の左目に命中。温羅の目から吹き出した血潮は血吸川（総社市）に流れ、下流の赤浜まで真っ赤に染めたという。吉備津彦に追われた温羅は雉に姿を変えて山中に隠れた。しかし、機敏な吉備津彦は鷹となって追跡。そこで温羅は鯉に化けて血吸川に逃げ込んだ。これを逃すまいと吉備津彦は鵜となって鯉に姿を変えた温羅にくらいついた。これが鯉喰神社（倉敷市矢部）と呼ばれる由縁である。

絶対絶命の温羅。最後におのれの「吉備冠者」の名を吉備津彦に捧げたため、それ以後、命《みこと》は吉備津彦と改名された。捕らえられた温羅は首をはねられ、首は首村（岡山市首部）にさらされた。ところが、その首は何年たっても大声を出して唸り続けたのである。吉備津彦の部下の犬飼部に命じて犬にその首を食わせたのだが、ドクロとなった首はなお、うなるのを止めなかった。そこで吉備津彦は吉備津神社の御釜殿の土中深く首を埋めさせたものの、なお十三年間、うなり続けた。ある夜のこと。吉備津彦の夢枕に温羅が立ってこう言った。「わが妻、阿曽郷（総社市阿曽）の祝の娘・阿曽媛に神饌を炊かしめよ。そうすればこれまでの悪業の償いとして、釜をうならせて世の吉凶を告げよう」と、これが今に伝えれている吉備津神社（岡山市吉備津）の鳴釜神事である。その後、吉備国の統治にあたった吉備津彦は、晩年、吉備の中山の麓の茅葺宮に住居を構え、二八一歳の長寿をまっとうした。現在、吉備津彦は中山茶臼山古墳に祀られている。

以上が伝承の一部始終で、ここでも温羅はプルガサリと鉄大人に次いで片目を射られる。

元・総理大臣の達観

木堂・犬養毅といえば昭和七年（一九三二）の五・一五事件で暗殺された総理大臣だ。この犬養家には、温羅伝承に出て来る犬飼部の子孫だという言い伝えがある。彼が昭和六年（一九三一）二月十九日づけで知人の、矢尾孝治宛てに温羅の正体を語った返簡が残されている。この書簡を書いた時点では政友会の総裁で、総理に就任して組閣を始めるのはこの年の十二月である。その肝心な部分をつまみ食いすると「温羅は朝鮮族なるべし。温羅に関し、老生の憶説あり。本邦刀剣鍛冶の最古のものは、天一眼《あめのひとつめ》、天真浦《あまのまうら》、川上部也。老生の憶断は左の如し。最初の鍛冶は三韓より伝来したり。天の某と称する海外人なるは、彼の書籍を伝えたる天日槍の韓人なるに徴しても明らかなり。本邦の鉄は山陰山陽の山脈より砂鉄を採りたるがもっとも古し。天一眼、天真浦は韓より来し鉄工也。真浦《まうら》は即ち温羅《まら》也。制作所の技師長が富を致し、勢力を生じたるより、本国人を率ひて叛き中国に蟠居したるなるべし」（「山陽リポート」）。昭和初期の名宰相の名推理には恐れいる。これを書いて五カ月後に陸海軍将校の凶弾に倒れるのである。

それはさておき、温羅は百済の王子とも新羅の王子ともいわれるが、いずれにせよ朝鮮半島の南部から来た人物には間違あるまい。総社付近は、かつては賀陽《カヤ》郡と呼ばれた地域で、「備中国大税負死亡人帳」（正倉院文書）によると、加陽郡の死亡二三人中に、漢部などの渡来人九人が死んでおり、逆算から推定すると住民の三十九パーセントが渡来系ということになる。カヤは朝鮮半島南部の伽耶国（加羅）と考えて間違いあるまい。第一部の「高千穂の峰の秘密」の項目で、やや詳しく、日本の鉄器文明の原点としての伽耶を説明しておいた。犬養の見解が真浦は鍛冶の頭目（真浦）だといっているのは、なかなか面白い。天津麻羅は『古事記』の中で、「天の金山の鉄を取りて、鍛人《かぬち》天津麻羅《あまつまら》を求《ま》ぎて」と鍛冶の頭目として扱われている。麻羅或いは真浦は、第一部のモリに出て来たと思うが、朝鮮語における山嶺の原義ｍａｒａ（ᄆᆞᄅᆞ）で、高く聳えるの意味があって、人名に使われる場合は、「宗・頭」などで表わされる。中心といういみがあるから、男性の中心たる男根として、製鉄を人間の生殖行為に見立てられる。

国学院大の鈴木靖民氏は百済の故都・慰礼《ウル》、大野城を築いた百済人・憶礼福留《オクライフクル》の憶礼、鬼ノ城の温羅、屋島城の浦生《ウロウ》、永納山城の裏白《ウラジロ》、湯川山城の内浦《ウツラ》のように、城壁が山丘や江水を囲い巡る有様が朝鮮式山城に附随する地名、人名に関わるといっている。地方史マニュアルが鬼ノ城、岩城山のような朝鮮式山城十一例を挙げて、すべてに朝鮮読みの城《キ》の発音が入って、周辺に渡来人の居住が多いといっている。そうすると鬼ノ城の意味は単純に「城」を表現していることになる。朝鮮語の牟礼に日本語の山を併せて牟礼山が固有名詞化するのとおなじである。だが、温羅の意味はなかなかに難しい。この場合、片目を射られる鍛冶師の性格を持っているので、やはり鬼ノ城の大将・温羅は真浦であってこそ相応しいような気がする。

図11　朝鮮半島（カヤ）図

城を研究する場合は、遺構を見るといっても、堀や建築物の跡ばかり追っ掛けても仕方がない。周辺の経済性が重要なポイントになり、城郭の遺構もそれによって変化を遂げることになる。鬼ノ城の特徴は城の真下の、千引かなくろ谷遺蹟に見られる四基の精練炉、三基の炭釜に代表される製鉄だ。現在では周辺に二十四の製鉄炉が発見されている。それに全長三〇〇メートルに及ぶ造山古墳、二七〇メートルの作山古墳、温羅の妻の郷と語られる阿曽が、実際に江戸時代には鋳物師の地として全国に知られていたし、室町時代の大永年間には、吉備津彦神社の鳴釜を阿曽鋳物師が公事として奉納していたことから考えても、鬼ノ城の勢力が製鉄技術を持っていたことは明白である。この辺りで角度を変えて、鬼ノ城の成立時期を割り出さなくてはならない。そうしたら、瀬戸内海を分断する山城の役割もわかって来るかもしれない。

犬養毅が憶測した鬼ノ城の役割、「ここに落ち着いた真浦が、製鉄によって力を貯え、渡来系を集めて叛乱した」という点はもう少し考える必要がある。この城が築かれた年代は五世紀から八世紀まで諸説色々とあるが、決定的な「物的証拠」があがらず、実年代の決定はむずかしかった。それが、一九九七年末に南門跡から、六八〇年代から奈良時代が始まる七一〇年以前の範囲の円面硯や瓶などの須恵器片が発掘された。

倭兵全滅す

当時の国際情勢を見ると、六六〇年には唐と新羅の連合軍が百済を攻めて百済の首都は陥落する。百済は倭の王朝に百済復興の援軍を依頼して来た。そこで、倭は唐・新羅を相手に大博打をうつことになり、六六一年五月に本営を北九州の朝倉宮に移す。ところが七月には斉明女帝が朝倉宮で死亡して、皇太子の中大兄皇子が指揮権を掌握する。天智天皇として即位するのは七年後のことだ。遂に六六三年三月、上毛野稚子率いる二七〇〇〇の倭軍は威風堂々と玄界灘を押し渡るのである。八月、両軍は白村江において決戦の火蓋を切った。結果、倭軍は惨敗を喫して倭兵の死体は川を埋めた。この部分は第一部で詳しく語った。この時、百済を脱出した達卒《たるそる》は倭兵とともに日本に渡り、九州から瀬戸内にかけて防御用の山城を築く。唐、新羅の日本への進攻は時間の問題だ。

鬼ノ城の築城は丁度、この頃にあたる。ところが達卒達が築いた大野城や基肄城は『日本書紀』に、一つ洩らさず記載されながら、規模としては、それらに劣らない鬼ノ城はまったく記録にないのである。どうしてだろう。考えて見ると、日本の鉄大人のところで語った瀬戸内を分断する、大三島、伯方島、大島なども朝鮮式の山城ながらまったく記録は無視している。つまり、当時の日本政府が築いたものではないので、公式の記録には記載されてないとしか考えられない。日本に唐・新羅が攻め込んだら、必ず狙われる位置にある。朝鮮式山城には、逃げ込み城の役割があって、敵が去ってから日常生活に復帰するというシステムだ。伽耶から渡って、一大勢力を築き上げた鬼ノ城勢力も、いざという場合は篭城の体勢をとっていたのかも知れない。しかし、瀬戸内の島城はそうは行かない。例え鬼ノ城が逃げ込み城であったとしても、唐・新羅連合軍にとっては放置すると背後を遮断される恐れがある。結局、鬼ノ城は瀬戸内海を分断する城とともに、日本防衛の役割を果たすことになるのである。

鉄で出来た畦道

吉備と大和の朝廷は、三、四世紀から相当に深い絆で結ばれていた。大和地方の古墳に置かれた円筒埴輪の前身は、吉備地方の特殊基台であり、木簡からわかるが、吉備の鉄製品が大和朝廷に多量に納入されていた。一九九八年二月十一日に放映された教育テレビのＥＴＶ特集「鬼ノ城発掘」によって、それらの事情が詳細に解き明かされる。

写真28　鬼ノ城山麓、５世紀の鉄滓で出来た田圃の畦

私は、それに触発されて鬼ノ城を訪れて、異常な鉄の体験をした。一九九八年八月十六日。前にのべた吉沢氏と七時間ほどかけて城中を歩いた。前夜、岡山に泊まって飲みすぎ、十六日の早朝、吉備線の車中で弁当を食べた。昨夜の酒が残っていたせいか、弁当滓とともに飲料水を一緒に捨ててしまったのだ。それに気が付いたのは鬼の釜を通って山中に入ってからであった。とうとう、山中では一滴も水を口にせず、午後に阿曽の集落に降り立った。

どこかで水を貰おうとした矢先、不思議なお爺さんが登場した。「私は昭和五年の鬼ノ城マラソンで一位になった。その賞状を見せるからウチに寄りなさい」という。どうも話の様子では犬養木堂が活躍していた頃だ。鬼ノ城の話などしていたら、「ウチの田圃の畦は鉄で出来ているので」と呟く。本来なら、このお爺さんは年のせいでボケてしまったのかと思うところだが、ここは鉄の郷だ。「エッ、鉄で出来ているってどういうことですか」と飛び付いた。あまり、こちらが熱心なので、現場へ連れていって畦を見せてくれた。なるほど、金滓が積み上げられて畦をなしている。しかも、相当に広い範囲にわたっているらしい。「五世紀のもので鬼ノ城の頃よりは、ずっと前のことらしい」。それは、不思議でもなんでもなくて当然のことだ。この蓄積があって鬼ノ城が築かれたはずである。拾い集めた鉄滓のお土産を、ザクザクとリュックサックに放りこんで、水を飲むのも忘れて、テクテク足守駅へと歩いた。その晩のうちに愛媛県の宇和島市に到着したから、阿曽の鉄は宇和島の友人から自宅に送って貰った。思えば吉備津彦の桃太郎は、鬼ガ島から鉄という宝物を手に入れたに違いない。

10　草薙の剣の秘密

実ゲ谷

岡山県は吉備国で桃の産地だから、桃太郎の産地に相応しいくらいに単純に考えていた。ところが中国製の絵本にも桃から生まれた男の子が犬、猿、雉を連れて山賊を退治する話が出ている。原典は中国から伝わった話らしい。桃太郎の鬼退治は香川県の高松付近と、愛知県の犬山付近にもあるが、吉備地方の桃太郎は鉄にかかわっており、手に入れた宝物は鉄こそ相応しいのである。「実」をモモ、サネと読んで鉱物を表現する場合があるので、桃が示す実態は意外なところにあるのかも知れない。『大日本地名辞書』（吉田東伍）は、岡山県の英賀郡千屋村（現在は新見市千屋、実）は一名を実村ともいって佐根とも書き、「この付近には鉄坑が多く、中でも千屋を第一とする」と書いて、吉備の真金の産地だといっている。この「さね」が、鉄を表わしていることを証明して行こう。

埼玉県白岡市に実ヶ谷《さなや》がある。土地の人の発音だと「さなげえ」になる。この地名が資料に現われるのは、室町時代の応仁二年（一四六八）のこと。所は高麗の里がある同県日高市にトランスポーテーションしなければならない。その高麗聖天院《こましょうてん》の鰐口に「武州騎西郡鬼窪佐那賀谷村久伊豆《ひさいず》御宝前鰐口願主衛門五郎」、裏に応仁の年号と「大工渋江満五郎」が刻まれ、この鰐口を寄贈した人が衛門五郎で、製作したのが渋江満五郎だということがわかる。大工というのは金大工、つまり金属を加工する人の意味である。これを見ると古くは「佐那賀谷」と書いたものが、恐らく江戸時代になってから「実ヶ谷」に書き訛ったと思われる。白岡市の「サナ」については、埼玉県の『ふるさとシリーズ（四）埼玉の地名』にも、「昔の製鉄にちなむ言葉と考えられる」と解説してある。金大工の渋江姓は中世の岩槻・鋳物師として有名で、岩槻市の鹿室にこの地名があるという。鹿室は金室かも知れない。のみならず隣接する蓮田市、上尾市、大宮市には製鉄遺蹟が多数出ている。付近一帯は製鉄地帯だったのだ。

やはり、埼玉県児玉郡神川村の金讃《かなさな》神社も、『延喜式神名帳』には、「金佐那神社」で表記されており「佐那」の表示から鉄にかかわりがある神社だといわれている。この神川村の由来は神流《かんな》川にある。ヤマトタケルが妻のオトタチバナ姫の遺髪を祀ったものが、洪水で流れだしたから神流川になったという。いくつかの村の合併が進んで、昭和二十九年に住民投票によって村名は神川村に決められた。もっとも、遺髪が洪水で流れだしたなどは伝説で、カンナは砂鉄を掘り出す鉄穴に由来する。昔から、この辺りは製鉄に深いつながりがあり、児玉町には鋳物師の居住を示す金屋がある。さきほど「さまざまな」一つ目のところで、三河国牛久保金谷の出身である山本勘介が片足が不自由で、しかも片目であることから、ひょっとしたら金属伝承から作り出された人物ではないかという話をした。この牛久保金谷について蒲郡の友人・竹内氏に聞いたら、現在、金谷は豊川市になって相当に広い地域をいっている。そして、この金谷境を流れる佐奈川で子供の頃、よく釣りをしたという。金谷と「サナ」の接近にアッと驚いた。この佐奈川も金属を表現しているはずだ。ぜひ、読者の身近にある「サナ」に注目していただきたい。

平安時代の初期の大同二年に書かれた『古語拾遺』には、「天目一箇神をして、くさぐさの刀・斧、および鉄鐸（古語・佐那伎）を作らしむ」とある。佐那具、佐鳴湖、猿投、散吉などという所から銅鐸が出ているから、銅鐸もサナとよばれたのだろう。宮城県白石市に聳える大刈田《おおかった》山は、現行の地図では青麻山（八〇〇メートル）と記載された美しい双耳峰だ。この山のクサナ

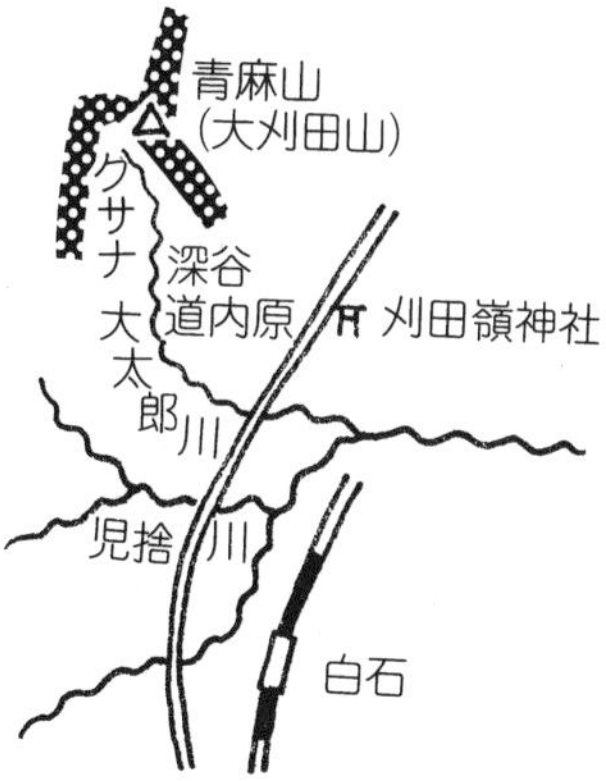

図12　大刈田岳周辺図

を水源として大太郎川が流れだし、白石川に合流する手前で深谷という一キロ四方の扇状地を擁えている。そこの道内《どうじ》原《はら》の六〇平方メートルほどの狭い範囲から一〇数個の鍛冶跡や製鉄炉が発見された。ドウジハラは鋳物鍛冶をいう炯屋地原だろうと推定されている。興味を覚えるのは、タタラを意味する大太郎源流地帯のクサナだ。この大太郎川の下流の金ガ瀬、平行して流れる児捨川から豊富な砂鉄がとれる。ここでも明らかに「サナ」は金属をいっている。

おそらく、ヤマトタケルの「草薙の剣」は、クサナ即ち鉄剣を表わしていると思われる。クサナに草薙の文字があてられてから、刀が草を薙ぎ払う神話が作られた可能性がある。この剣の又の名を「都牟刈」というのは朝鮮語読みで、ツムはオツムテンテンで頭をいい、カリはカル（칼）刃物であるから、ツムカリ即ち環刀の太刀だ。伊勢神宮の長暦二年（一〇三八）、内宮長暦送官符に「須我利太刀」とあるのも、朝鮮語の쇠（ソ・サ）＋カリで鉄剣の意味だ。前の項で語った温羅の妻の里であり、鉄の畦があった阿曽村も「鉄」のソが思わぬ形でロックされた可能性がある。『古事記』の葦原中国平定の天若日子の段に「太刀の名は大量《はかり》」、『日本書紀』では天稚彦の段で「その帯びたる剣、大葉刈《はかり》」の量・葉刈は同じものをいっており、剣の「カリ」を表わしている。ハカリとは日本語の刃と朝鮮語の「カリ」で日朝合作語だ。マサカリの「カリ」も同様だ。古代朝鮮語の鉈はｎａｔで、刀も日本語の片と朝鮮語の刃をいうｎａｔかｎａｒの合成語で片刃を表わしている。

このように考えると刈田の「刈」も、刃物を表現しているのではないかとの疑問が沸いてくる。この山は延喜式内社刈田嶺神社の神体山で、古名は大刈田山と呼ばれた。今度は伝説に耳を傾けてみよう。この山の東峰をアオソと呼んで男、西峰をアラケと呼んで女。二峰の間に生まれた児が捨てられて、児捨川からは砂鉄が採れるが、その児は白鳥となってヤマトタケルのもとに飛んで行く。ヤマトタケルが死後に、白鳥になって飛んで行くシーンにオーバーラップする。この白鳥伝説には奇妙に金属がまとわりつく。刈田嶺神社も白鳥大明神だし、和銅産地として知られる武蔵国秩父の宝登山一帯が白鳥荘であったり、富山と新潟県境の白鳥山（一二八七メートル）、愛知県津具の白鳥山（九六五メートル）に金銀が出るのは金属精練にかかわった人達が残していった伝承が山の名前に反映したものだ。金属伝承は、日本神話を元にしたものが多く、逆川の伝承と軌を一つにしたものであることがわかる。

刈田はカリタと発音されて白石付近の刈田郷が養老五年（七二一）に柴田郡内の刈田、篤借郷を併せて刈田郡として独立したもので、元来は大刈田山を中心にした狭い地域の地名だった。刈田嶺神社は付近の製鉄関係者の象徴だったと思われる。

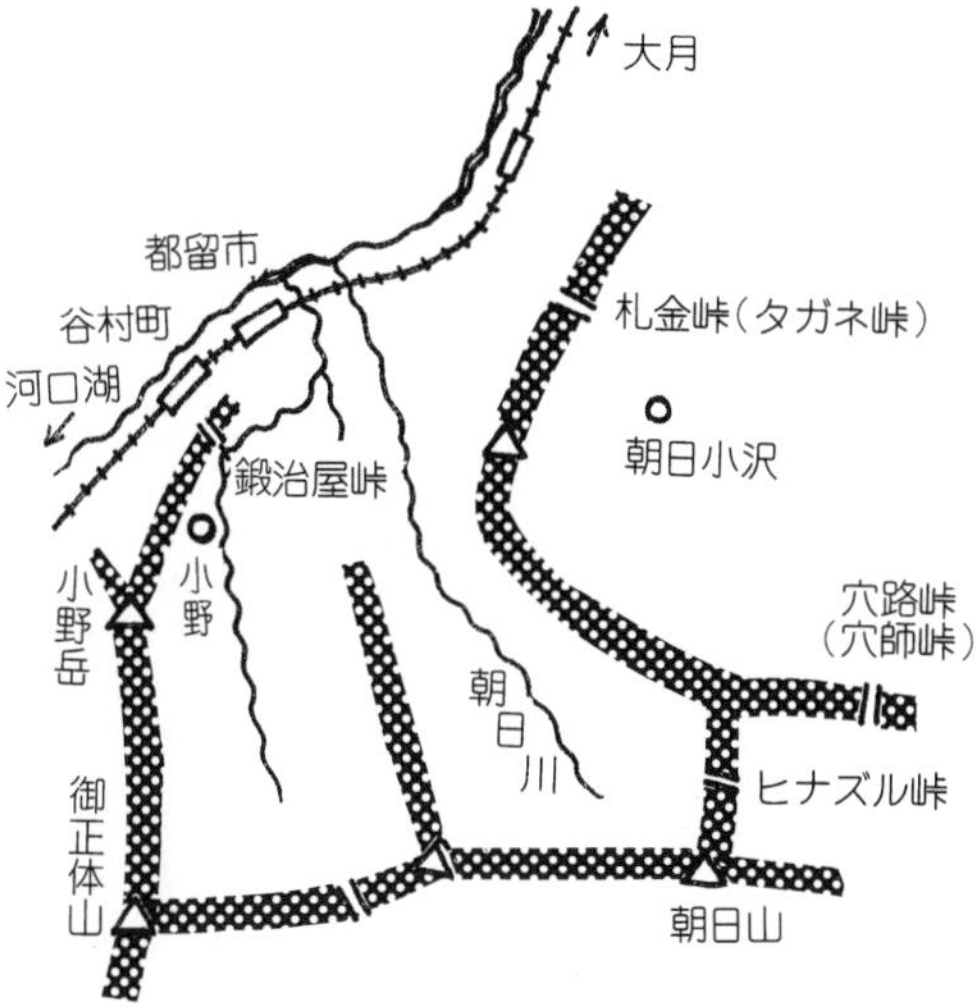

図13　穴師峠、タガネ峠

刈田嶺神は大刈田山の背後に聳える火の山を神の座に見立てて移動する。その位置こそ現在の蔵王連峰中一七五八メートルを数える刈田岳で、そこにも金吹沢が食い込んで金属色がときめいている。

痛足と金属

埼玉県児玉郡の金鑽神社のあたりは、古くは阿那志郷と呼ばれていた。穴師というのは鉄穴を掘る職人をいうので、鉄を出す児玉地方の特徴からいっても阿那志の地名は相応しい。アナシが鉱山師とかかわることを証明するには、重出立証法によって同例を多数あげる必要がある。有名な奈良県桜井市の穴師、昔はこの地方は鉄鋼石の産地であった。山梨県都留郡秋山村と大月市境に穴路峠（八三〇メートル）があるが、本名は穴師峠で鉱山師が越えた峠である。同地域にタガネ峠もあるが、そこは鉱山師が鉱脈を掘る時に使う道具を峠名に宛てたものだ。もっとも現在では札金峠に訛ってしまった。岩手県北上山地の穴乳山も鉱山掘りがたくさん入った穴師山の訛りで、現在でも金銀を掘った穴がたくさん残されている。奈良県桜井市北部の穴師は、『万葉集』（巻十二）に、

巻向の　痛足《あなし》の山に雲居つつ
　雨は降れども濡れつつぞ来し

という歌がある。何故「痛足」なのか。タタラを足で踏んで炉に風を送って鉄を造る作業をいって、番子は足を痛めるという意味である。この痛足に、病足の文字を宛てている場合もある。やはり枕詞に「あしひき」というのがあるが、この場合でもそうだ。山に掛かる枕詞といわれて、『万葉集』の中に一〇〇例以上出てくる。例えば、（巻二）で、大津の皇子が詠んだ

あしひきの　山の雫に妹待つと
　われたち濡れし山の雫に

である。「あしひき」の表記を、鎌倉時代に編集した「仙覚本」からひいてみると「足引、足日木、足檜木、安之比奇」が、ずばぬけて多く、少数例は「足曳、足疾、足病」で、併せて二〇種ほどの書き方がある。

「あしひき」については、江戸時代の国学者・本居宣長の解釈が有名で、山の足、つまり尾根が長く引き延ばしたようになっており、それらが城のように一ツの構造になっているから、足引城が「あしひき」になったと説明されている。その他、檜が茂った有様だとか、神遊びの山だと

か色々で、最近ブームになっている朝鮮語説もある。「足」は朝鮮語でパルといい、光もパルだ。「引く」に近い語を捜すとビキダ（傾く）があるから光が傾く、つまり夕日が傾く山だろうという解釈がそれだ。もうひとつ昔から言われているのは、山を歩くと疲れて足を引きずるから足引きとする説だ。これには一理ある。たとえば「あしひき」の「ひき」を、ヒキガエルが足をバネみたいに撓めていることと同じで足が疲れる、つれるが実感として湧いてくる。と同時に万葉集原本で足病、足疾と書かれたことにも意味があることがよく分かる。同じように、足柄山のアシガラも足が辛い（つらい、厳しい）とする説とも重なる。『古事記』に書かれた三重県の地名由来で、息吹山から降りてきたヤマトタケルは足がつかれて三重に曲がったという話は、私たち山登りをする人間には実感として受け入れやすい。「あしひき」の歌は、鉱物を意識したものではないが、足を痛めるということにおいては痛足と共通するものである。

「あしひき」に関する朝鮮語説だが、如何にも手軽に過ぎるような気がする。例えば、大和の大峰連峰の中に朝鮮岳（一七一七メートル）と表記される場所がある。最近では頂仙岳と書いたものも多くなった。これは山岳信仰の修験道の面から考えれば、「深仙」にたいする「頂仙」いう靡《なびき》（行場）から考えた方が正しいのである。発音の近いものを捜すだけでなく、それぞれの文化が背景にあることを常に念頭においておく必要がある。

金山神社の探険

先程、山梨県の穴路峠、札金《タガネ》峠にふれたが、一九九九年三月に山梨県南都留郡秋山村にある阿夫利《あふり》山（七二九メートル）に登山に出掛けた。どうしてそんな所に出掛けたのかといえば、阿夫利山の本拠は神奈川県伊勢原市にあって、山頂（一二五二

写真29　崩れた金山神社（秋山村、江戸時代・天保）

メートル）に安夫利神社奥宮をいただく大山だからである。その石尊信仰は、江戸時代には関東一円に三〇万人の信者がいたといわれる。大山街道の繁盛ぶりは、落語「大山詣で」に面白可笑しく語られている。この本店の大山から、北西に十八キロ離れたところに、山梨県秋山村の支店にあたる安夫利山がある。山名がトランスポーテーションしているというより、信仰が移動しているのである。そこに登ったのは、どんな共通点が見いだせるのかという興味にかられた結果だ。数名の仲間とともに、中央本線の上野原駅からバスで、秋山村にある安夫利山に踏み込んだ。

道標もない山だから適当にルートを選んで富岡の集落に下山した。山道は神社の背後から境内に入り込んだ。「なかなか立派な神社だが……何神社だろう」といったら、同行の斉藤さんが「金山《かなやま》神社と書いてあるぞ」というので、びっくり仰天した。近くの酒屋でアイスクリームを買ったついでに、「この付近で金を掘り出していたのですか」

と聞いたら、「ここから、三キロばかり離れた金山川の奥に金山があって、金が掘られていた」という。確かに金山という地名がある。四月に入って話に聞いた金山に行った。ここはバスがないので、上野原駅からタクシーを利用した。運転手がいうには「ここに登山客が来るのはめずらしい。そういえば昔は金を掘っていたらしいね」。タクシーは金山峠への登り口をとおり越して、林道の終点まで行ってしまった。これが幸いした。登り口で下車したら、ここまではこなかっただろう。行き止まりでウロウロしていたら、金山川の上流にそって踏み跡が入っていた。それに沿って進んだら、突然に崩れた神社にでっくわした。どうやら金山川が増水して、小さい本殿を削ってしまったらしい。小さい石に金山社と刻んであった。修復工事がすすめられているようだ。神社の基礎はしっかり残って天保七年が読み取れた。金山神社、金山の地名は故なくして付けられたものではなく。必ず近くに金属が眠っている。

　中央本線の韮崎から増富温泉に行き、そこから林道を六キロ行くと金山平に出る。そこからは奇岩がニョキニョキと天を突く瑞薔山（二二三〇メートル）と、奥秩父連峰の盟主金峰山の姿が一望出来る気持ちの良い場所だ。そこから、通称、金山の頭（金穴の頭）と呼ばれる一七〇〇メートル峰を二〇分ほど登ると、坑道が口をあけており、斜め下に向けて人間一人が潜り込むことが出来る。俗にいう犬下がりといわれる坑道だ。七、八メートルもズリ下がって行くと袋状に広がって水が溜まっていた。恐らく、この部分で金が採掘されたと思われる。素直に伸びる坑道より、こういう掘り方をされる坑道の方が有望なのである。しかし、この程度の掘削で採算があったのだろうかという疑問の声も出る。しかし、現在でこそ地下にある鉱脈を機械で大規模に掘り出せるが、四〇〇年も昔は露頭部分の僅かな金を集めるのが精一杯だったはずである。金山の頭

写真30　犬さがりと呼ばれる坑道

の周辺には十四箇所ほどの坑道が口をあけている。

　この鉱山が武田信玄のものかどうかは分からないが、実際に武田信玄の金山は普通の人では近づけない山奥に何百箇所もある。ともあれ、金山、金山平、いずれも金を掘り出した場所であるということの証明にはなる。

　ここから見える金峰山（二五九五メートル）は、大和の金峰山から転移してきたもので、この稜線上を西にすすめば、大同二年のところで語った、鉱山地帯の雁坂峠、牛王院平を経て、飛龍山、雲取山と熊野三山の転移して来た部分と結合している。

11　由比正雪の鍛冶屋

オウムの幻想
入間の幻影

　オウム真理教（アレフに改称）の一部異常者達は、一九九五年末に日本全国で都市ゲリラを繰り広げる予定で、それまで取締りの目をそらすために、地下鉄にサリンを撒いて大惨事を引き起こした。その悪業故に崩壊への道を歩み始めたことは間違いない。

　私は、フト、今から三五〇年昔の「由比正雪の乱」を思い出した。慶安四年（一六五一）四月に三代将軍、徳川家光が死んで、家綱が十一歳で四代将軍を継ぐことになった。この僅かな隙に乗じて、門弟五千を豪語する楠木流軍学者の由比正雪が江戸の町に火を放ち、幕府転覆を企てた事件だ。目的がなんのためであったのかはっきりしないが、大名の取り潰しで浪人が街中にあふれて経済が混乱したので、その救済策を言い立てたクーデター計画だったのではないかと推測されている。丸橋忠弥が江戸で、金井半兵衛が大坂で騒動を起こし、正雪みずからは徳川家の軍資金が眠るという久能山に挙兵したら、不満分子が大挙して騒動に加わると読んでいた。しかし、江戸、大坂で火の手があがったら、庶民は大被害を被って迷惑せんばんだ。幸い、挙兵寸前の七月二十三日に「御注進、御注進」と訴えが相次いだ。その中でも林理左衛門知古《ともひさ》は、家光の小姓、大沢将監邸に駆け込んで「正雪謀反」を告げた。その結果、八月一〇日には丸橋忠弥以下二十九人が磔、正雪以下、駿河で自害した一〇人は阿部川でさらし首にされた。

八月十四日になって、林知古は密告の報奨として、武蔵国比企郡、入間二郡のうちから五〇〇石を貰って旗本に取り立てられている。この他に主に三人の密告者がいるが、いずれも三〇〇石を貰っている。なんといっても林知古が論功第一とみなされたようだ。五〇〇石というのは大変なことで余程の重要証拠を提出したに違いない。その五〇〇石のうち比企郡の彩地は福田村の六十一石であることは分かっているが、基本となる入間郡の四四一石がどこだったか不明である。

ちょうどこの頃は、飯能市赤沢の「星宮」で片目の鍛冶屋絵馬が現われたりして、足しげく入間地方へかよっていた。そこで、ふと、入間郡には林知古の痕跡が残されているかも知れないと、一九九五年六月に名栗川金属文化の会の会報『名栗川二十五号』で呼び掛けて見た。よもや、三五〇年昔の話がよみがえるとは思っても見なかった。

密告者の系譜

当時、武士の間では、その対象が例え反乱であっても密告は恥ずべき行為と見做されていたから、林家は五代目までは役職にもつけなかった。六代目の知弘が小十人組に列することになったら、同僚が密告者の系譜を言いたてて同職ではいやだと騒ぎだした。これを聞いた八代将軍吉宗は、「お前達はそんな心の小さいことでどうする。林の家は反乱者を見限って、幕府に忠義だてをしたものの子孫だぞ」と諭している。この経緯は幕府の正式記録『徳川実記』に記載されている実話である。『名栗川』で情報を求めるにあたって、林氏は単なる密告者ではない、歴史に大きな足跡を残していることを強調した。その仔細を講談調で述べると、

「さて、〈名栗川〉読者の皆さん、驚くべきことに密告者の子孫である林氏は、九代目が二〇〇

○石高の新番頭になり、時代も幕末になったので御座います。基本給の五〇〇石は動きませんが、新番頭に就任している間は二〇〇〇石貰えるわけです。この制度を足高《たし》といいます。一〇代目の林五郎次郎は儒学者として優秀でありまして、二五〇〇石の旗本・山口家に養子になりました。この山口家の先代（直温）は渡辺崋山の最大のパトロンであります。五郎次郎は山口駿河守を名乗って外国奉行に登用されます。おりから下の関で長州を破った、英米仏蘭の四ヶ国艦隊が大坂湾に侵入しようとしていたものですから、駿河守は老中の偽サインを作り、一芝居うって外国勢の大阪港侵入を阻止します。それでも、とうとう徳川幕府は鳥羽伏見の戦いで駄目になります。そこで、十五代将軍が大坂城から江戸に逃げ帰る時に駿河守も同伴して、幕府の瓦解を最後までみとどけることになったのであります。密告者の家系から、徳川幕府の屋台骨を支える人間が出たのであります。どなたか、林家の様子などご存じの方はありませんでしょうか」

我こそは、林家の代官なり

私は飛び上がって驚いた。「我こそは林家の代官なり」と縁者の声があがったのである。それは比企郡の小川町高谷《こうや》からであった。その声を上げたのは先祖が林家の代官を勤めた塚越正佳氏（小川町文化財保護委員）だ。その告白を清水寿氏が直接に聞いて、〈名栗川〉の主幹、山口晋平氏に書簡で届けられ、その書簡が私の手元に転送されて来たのである。その時の驚きをそのまま伝えるには、失礼して書簡原文をそのまま掲載する以外にはない。その書簡というのはこうだ……「（他の件で）塚越先生と連絡をとって、今日、打ち合せにお伺いした所、谷先生の〈オウムの幻想　入間の幻影〉の由比正雪の密告者がどうも塚越鍛冶の先祖らしいとの話。というのは、塚越先生の家は、当時の鍛冶師の親方で、林家の代官を

図14　林理左衛門の墓誌

やっていたそうで、今も林氏の院殿号のついた殿様の位牌を見せて貰って来ましたし、代官屋敷にあった武具、林家の墓も塚越家と一緒のところにあります」。私はウームと唸った。「塚越先生の話では、由比一味の刀の注文を塚越・岡部鍛冶が受け、それを川越の松平氏に密告したのではないか。いままでは誰にも話さなかったが、今日は話しておくとのことでびっくりしました」。なるほど、この事件に川越城主の松平信綱が深くかかわっていた事実は、何か意味があることだったのだ。それに三五〇年昔の反乱者もオウム同様に武器製造から足が付いたようだ。

そこで、私は九月十五日に飯能市の金属文化の会の面々と塚越家を訪問して、由比正雪を訴人した男、林理左衛門知古の位牌と、塚越家の近くにある林昌寺で同人の墓石を見た。実は、幕府編纂の『寛政重修諸家譜』には、林知古の菩提寺と没年が記載されてないのである。いつ死んだかわからないのは異例のことだが、そこにはなにか騒然とした当時の事情が隠されているらしい。何しろ講談本であれだけ有名な由比正雪事件の中で、それを密告して旗本に取り立てられた男が、まったく登場しないのである。事件を防いだ男の存在は無視され続けて来たことになる。密告事件は、だいたい仲間割れなどがあって起きるもので、講談本のストーリーとしては、もってこいの話題なのであるが、その講談本が黙して語らないというのは不思議なことである。『諸家譜』には林氏の二代目である、林昭信が家督を継いだのが、寛文八年七月一〇日と記載されている。

そこで私の『御旗本物語』（一八八九年、未来社）の中で、旗本の遺蹟相続には、平均三ヵ月程度を必要とするので、初代の林理左衛門知古は寛文八年（一六九八）の四月頃に死んだと思われると述べておいた。今、私の目の前にその人物の位牌がある。この推理が当たっているかどうか、興味津々で没年を覗き込んだ。位牌には寛文八年三月一〇日死亡が書き込まれているではないか。大体二〇日程度の差である。三五〇年間の誤差にしては上出来だ。

林家と塚越家の墓がある、小川町高谷の林昌寺は林家の菩提寺ではない。林家の菩提寺は江戸・本所の重願寺である。不思議なことに『寛政重修諸家譜』に林家の菩提寺・重願寺が登場してくるのは六代目の当主・林知弘からである。五代まで菩提寺の記載がない。これには意味がある。この時まで密告者の家系の烙印が押されて、御役につけなかった林家も八代将軍・吉宗の「彼らは幕府につくした家系である」の一言があって、知弘の時から小十人組に所属して日の当たる場所に出た。そこで本所の重願寺を正式に菩提寺として届けでたのである。その証拠として、従来、比企郡と入間郡に別れていた知行所が、現在の比企郡にまとめられたことでもわかる。

おそらく、これまでは知行所の代官である塚越家の墓所に同居していた可能性がある。五〇〇石程度の旗本では、知行地に直接家来を派遣せず、地元の実力者を代官に当てて徴税、警察権を持たせる。塚越家は屋号を「鍛治屋」というくらいだから、周辺の岡部鍛冶も含めて鍛冶屋の大物だったので、林家の差配を任せられていたのだろう。現在に残る塚越家の捕り物道具がなによりの証拠だ。何しろ、林理左衛門と組んで由比正雪を訴人した仲である。塚越家には「西郷南州筆」の掛け軸が残されているのだが、これまで、そんなものがあるはずはないと思っていたそうだ。しかし、私の調査で林五郎次郎が山口家に入り、山口駿河守を名乗って外国奉行になった経緯から考えても、西郷さんと付き合いがあってもおかしくはないということがわかった。江戸開城の時は五郎次郎が外国事務総裁で、勝海舟は陸軍総裁だから、西郷さんと行き来があって当然だ。西郷の自筆を実家の林家に届け、林家から代官の塚越家に与えたことは十分に考えられる。これ以後、塚越家でも本物と認めたそうである。

武川《むかわ》衆のこと

私が、入間郡に林氏の痕跡を求めたのは、林理左衛門の痕跡がわかれば、由比正雪と林氏の関係が少しはわかり、何を訴え出たのかもわかるかも知れないという下心があった。そうしたら、塚越鍛冶が浮かびだして、密告の原点が鍛冶にあるのではないかの問題点も浮かびだして来たのである。それこそ「瓢箪から駒」の例えだ。このあたりで、塚越鍛冶の実態に迫らなければならない。ここで、思わぬ情報がもたらされた。まったくの偶然で、清水寿氏から徳川家の旗本・折居家の「先祖書」を送って貰った。それを読むと折居氏は甲州武田氏配下の武川衆で、武田勝頼が織田信長によって滅ぼされた後、暫く山中に逃げ込んで逼塞していた。信長は滅亡後の武田の臣下を召し抱えてはならないと触れを出した。しかし、抜け目のない徳川家康は内々に、彼らに目を配っていた。武川衆に対しても自分の部下の成瀬吉右衛門正一を介して、こっそり扶持を与えていた。家康の深謀遠慮は武田家臣団の優秀性を認めて、将来の布石を打ったのである。豊臣秀吉の時代になって家康は江戸に入部する。さあ、そうなると折居、米倉などの武川衆は正々堂々と成瀬吉右衛門に従って寄居周辺（埼玉県寄居市）に入って来る。この有様は清水氏から貰った、『武川衆、折井氏先祖書』（嵐山町文化財調査報告第二集）によって詳しく読み取れる。『先祖書』はいう、「権現様（家康）、甲州市川、御宿陣の時、成瀬吉右衛門を以て米倉主計助忠継、折居市左衛門両人、隠密に召し出され、御扶持方下しおかれ」、三河の桐山あたりに隠れ住むように手配して下さったというものである。

この成瀬正一の息子の正成は、隼人正を名乗って、尾張徳川家の付け家老として犬山三五〇〇〇石を領する。これはあたかも、飯能市における丹党の中山氏が備前守を名乗って、水戸徳川家の付け家老になったのと同じケースだ。私の女房の旧姓は成瀬氏で、明治維新当時、伊予今治藩の執政権大参事を勤めた家系で、先祖は成瀬正一の末弟にあたり、犬山に入った成瀬正成とは伯父・甥の関係にあたる。女房がもっている「伊予成瀬氏・系図書」をひもといて見ると、これに対応する記事がみられる。折居、米倉は成瀬正一を通じて家康に対面して召し抱えられ、「人質を献じて、これを遠州桐山に置くことを」成瀬一斎（正一）が取り計らったとなっている。

そもそも、武川衆というのは、南アルプスの鳳凰山に源を発する大武川《おおむ》、小武川《こむ》流域に居住した山岳戦闘集団で、金属精練技術にも優れた人々だった。その一族は、今日のオウム真理教の第七サティアンがあった上九一色村にも上九一色衆として居住していた。この武川衆の折居、米倉が徳川氏の旗本として、武蔵国寄居、小川町方面に移動させられるのに附随して、同じ武川衆の塚越、岡部鍛冶が構成されて行く。この地域には現代でも、甲州から武川衆が移動してきた痕跡が残されており、塚越家からさほど遠くない、小川町高谷の北西・伊勢ノ下に銅或いは鉄鉱石を掘ったと見られる縦八尺、横三尺、奥行十五間程度の三本の坑道が確認出来る。昔、和銅年中に金を掘ったと伝えられているが判然としない。その入口に住んでいる人は千野姓だった。これは恐らく塚越、岡部などとともに茅野あたりから移って来た人であろう。ひょっとすると、鉱物資源があったから武川衆をここに配置した可能性がある。小川町側から登る信仰の山・笠山（八三七

写真31　小川町伊勢ノ下の坑道

メートル）山上の神社の敷地は大正年間に、武川と武田という姓の人が寄進したことが石碑に刻まれている。また、川本町の武川《たけかわ》の呼称は、その昔の武川《むかわ》に起因しており、秩父鉄道の武川《たけかわ》駅が地名を読み違えたままの証拠を残している。

林家は武川衆か

この付近は江戸から離れて人目につきにくい。由比正雪は、ここに目を付け「これこれこれだけの刀、鎗を造ってもらいたい」と極秘で依頼したとする。正雪一味の計画によると、丸橋忠弥が江戸城にはいって将軍を虜にして久能山に逃げる時、追っ手を三〇〇挺の鉄砲で食い止める手筈になっていたとも言われるから、火縄銃にかかわる部品を発注していたのかも知れない。そのためにはよほど塚越、岡部鍛冶に近い人が正雪の傍にいなくてはならない。私は単純に、正雪に一味同心していた林理左衛門が、塚越鍛冶と相談して「これは大変なことだぞ、危ないから訴人しよう」ということになったのかと考えていたが、もっと複雑な事情があるらしい。林氏の子孫で山口家に養子に入って外国奉行になった五郎次郎のことだ。養子親の山口直養《なおやす》の「日記」を読んで見ると、「安政三年一二月二八日、快晴　林内蔵頭五男、武川五郎次郎ト申者、人物特之外宜敷、学問も宜敷、此度、甲州微典館学頭遣候趣、武芸相応ニ出来如何にも宜敷人物ニ付、内々養子相談之儀云々」と記載されている。安政三年といえば、八月にアメリカの総領事ハリスが下田に着任した年である。どうも、武川というのは伯母の家筋らしく、一時期、武川の姓を名乗っていたことがわかる。林氏には武川姓の親類があって、その姓を途絶えさせないように、林の直系を入れたと思われる。林氏は三河出身といわれているが、甲州武川衆に深い繋がりを持っていると考えなくてはならない。幕末の日記の一行が二五〇年昔の歴史を語る。

そうすると、密告はただ単に、林と塚越氏が組んだという単純なものではなく、林理左衛門と塚越氏は武川衆としてもともと繋がっていて、林が正雪一味をリードして塚越、岡部鍛冶に結びつけたことになる。或いは、この反乱に武川衆が加担する計画があったのかも知れない。林が功績第一にあげられたのは、武器製造の計画書を持って訴え出ただけではなく、武川衆を纏めて離反させ、彼らの面倒を見るために、五〇〇石を貰ったことも考えられる。この事件以後、幕府は浪人の締め付けを緩め、仕官しやすいようにしたり、大名の末期養子を認めるなど、浪人救済の道が開かれたところを見ると、林氏の配下として恭順をしめしたメンバーには追求の手は延ばさなかったのではないかと思われる。

講談本『慶安太平記』では、江戸で騒ぎを起こす予定だった丸橋忠弥が、借金取り立てに困り果てて、つい苦しまぎれに「斯く斯くしかじかの事情で、後、暫くしたら世の中が変わる」と洩らしたことから、訴えが相次いだと書かれている。すでにこの時、町奉行所では赤々と提灯がたてられて捕り方の準備が整っていた。この時の町奉行は山本有三が描いた『不借身命』の石谷《いそがや》十蔵であった。林理左衛門の訴えは、早く出されていて、事が起きてから使用される鉄砲も、早くから差し押さえる手筈はついていた。由比正雪が久能山で旗揚げをすべく江戸を出発したのは慶安四年七月二十二日のことだった。丸橋が逮捕されたのが翌日の二十三日夜だ。塚越鍛冶が受けた武器の注文は、挙兵した後のことを見込んでのことでないと話が合わなくなる。正雪は十人程度で江戸を発っており多量の武器を携帯した痕跡はない。この事件は、いわれているよりも捕り物の準備はもっと早くから手配されており、もっと根の深い部分があったのではなかろうか。

残党始末

正雪の一党は一五〇〇人くらいいて、一人に一両ずつ手渡して置き、ことが起きたら集合する段取りだった。叛乱の火の手があがったら、あぶれ浪人が続々と集まるだろうという予測があった。大名家の取り潰しによって、浪人は街にあふれて、生活苦の侍は掃いて捨てるくらいいたから、ことが大きくなればこの予測は当たっていただろう。しかし、七月二十五日には正雪は駿府の宿で捕り方に囲まれて自殺してしまう。幕府の公式記録『徳川実記』には、事件の処理として慶安四年八月九日の条に、「丸橋忠弥逮捕の恩賞」として、江戸町奉行の下吏に銀三〇枚が渡され、同じく相模国愛甲郡煤《すす》ガ谷村の代官下吏に銀二〇枚、村人に米三〇〇俵が渡されている。煤ガ谷村のことについては、『新編相模風土稿』によれば、渥見次郎右衛門、芝原亦左衛門、同七郎兵衛、従僕の四人が逃げ込んで、村人一同が力を併せて逮捕した記録がある。なお、大正四年になって建てられた四人の墓碑もある。私は一九九六年の暮れに現地に精通している友人、氏原基水氏の案内をうけて、神奈川県愛甲郡清川村煤が谷の地を踏んだ。逮捕劇の報奨に、村中に鉄砲四十八丁が下げ渡されたという。その証拠の火縄銃を子孫の山田八五郎氏（八三）から実際に見せて貰った。この事件とは直接にかかわりないが、五代将軍綱吉の頃には、煤ガ谷とは方向が違うが、丹沢山麓の秦野には、埼玉県から武川衆の米倉丹後守が移動してきて、一万石の大名に取り立てられている。たしか、表丹沢の米倉領にも鉄がとれたはずだ。現在の「秦野丹沢祭り」に、子供大名行列が登場するのは、米倉氏の大名領だったという記憶からであろう。

写真32　残党捕縛の報奨「火縄銃」と山田八五郎氏

飯能市の幻の鍛冶屋捜しの最中に、突然に飛び込んで来た由比正雪事件も、武器製造が鍵であった可能性がある。論功行賞第一の林理左衛門が、なにかを極端に恐れて口を開いてないところに謎が秘められている。林理左衛門知古の三〇〇年後の子孫、外国事務総裁・山口駿河守直毅の顔は『幕

肖像画（油絵）

写真33　正雪を訴人した男の末裔
外国奉行・山口駿河守直毅
（『幕末史研究』第35号より）

末史研究第35号』（発行元、三十一人会。発行人、小島政孝）に掲載されている。山口家の今日に伝えられている、山口家の子孫の家に文久三年秋に撮影されたものがあるが、年代を経て顔が多少不鮮明になっていたので、この写真をもとに昭和三〇年頃に描かせた油絵が残っている。

由比正雪事件とオウム真理教は似たようなところがあるが、地下鉄サリン事件の前に、ご注進、ご注進の訴えが欲しかった。この文章を書きながら、その無念さが込み上げてきた。

参考書目

日本古代地名研究　李炳銑　亜細亜文化社
加耶諸国의鐵　加耶文化研究会編　仁濟大學校
韓国古代地名の謎　光岡雅彦　学生社
日鮮同祖論　金沢庄三郎　成甲書房
古代朝鮮語と日本語　金思燁　講談社
記紀万葉の朝鮮語　金思燁　六興出版
古代日本と朝鮮文化　金達寿　筑摩書房
日本山名総覧　武内　正　白山書房
日本の神々（4）　谷川健一編　白水社
精銅の神の足跡　谷川健一　集英社
神の森　森の神　岡谷公二　東書選書
現代宗教（2）　春秋社
自然と文化　一九七六年秋号　日本ナショナルトラスト
日本民俗文化資料集成　第二十一巻　三一書房
地名語源辞典　山中襄太　校倉書房
霊山と信仰の世界　伊藤清郎　吉川弘文館

民間信仰の諸相　小島利雄　錦正社
空海　上山春平　朝日新聞社
ゴジラが見た北朝鮮　薩摩剣八郎　ネスコ
津軽の民間信仰　小舘哀三　教育社
新岩木風土記　柴田重男　津軽書房
名栗川　名栗川金属文化の会編
秩父丹党　井上　要　埼玉新聞社
風と火の古代史　柴田弘武　彩流社
鋳師・鍛冶師の統領と思われる畠山重忠について　清水　寿
えみし　特集1　蝦夷学会準備室　藻南文化研究所
寺と生活「日本のモリを歩く①—⑫」一九九八年　青樹舎
全国霊場大辞典　六月書房
沖縄の歴史と文化　外間守善　中公新書
河野家譜　景浦　勉編　伊予史料集成刊行会
南島の神歌　中公文庫
沖縄ことばの散歩道　池宮正治　ひるぎ社
幕末史研究第35号　三十一人会　小島資料館
日本山岳伝承の謎　谷　有二　未来社

あとがき

本書の前編ともいうべき『日本山岳伝承の謎』を、未来社から一九八三年に出版した。それから、実に十八年を経ての続編である。充分に解明しきれなかったいくつかの謎に、解明の糸口を見付けだしたことと、前編が六刷を数えて現役で活動していてくれたお陰である。表紙が神の残滓、片目の鍛冶であり、目次立ても第一部で朝鮮語地名の謎を追い、第二部で金属伝承の謎を追うところも前・後編ともに同じスタイルをとった。

前回では第一部で山の「マル」を朝鮮語で追い、今回も清少納言の「森などというべくもあらず、ただ一木あるをなにごとにつけけむ」という強い疑問に触発されて「モリ」の謎を追いつめて朝鮮半島に到達する。この「モリ」の問題は、前編で「なぜ、山をモリと呼ぶのか」と題して出発した。これを受けて一九八八年一月から一年間、雑誌『寺と生活』(青樹舎)で「日本のモリを歩く」と題して、祖霊信仰の観点から東北・沖縄にまで足を延ばし、朝鮮半島に到達したストーリーにそって話を展開した。

朝鮮語の問題は、ややともすると説明が不足してわかりにくくなる。このことに留意して一九九六年には『朝鮮時報』に、「山岳伝承の謎を追って」を連載して、朝鮮語を母国語とする人たちにも理解してもらえたのは望外の幸せである。

第二部の金属伝承では、一つ目の神の残滓が、名栗川流域に表われて伝説は生きていることを証明した。その手段としての重出立証法、つまり「大同二年伝承」「逆川の謎」など、全国各地の同じ例を集めると、答えが見えてくる。当然、この公式は一人、埼玉県の名栗川流域だけでなく全国にひろがっているはずで、この輪を広げて行きたいと思っている。

前編を書いた時は、ＮＨＫの語学講座が韓国語か朝鮮語かで揉めて、やっと「アンニョンハシムニカ講座」に決まった時だった。十八年をへた今日は、韓国紙の日本語訳がインターネットで配信され、南北の頂上余談がおこなわれるなど隔世の感がある。

谷　有二　略歴
1939年　愛媛県宇和島市に生まれる
現　在　日本山書会、産業考古学会、タタラ研究会などに属し、東アジア的に見た山岳名称考を始め、金属伝承の解明、日朝登山文化史、幕末文化史など特異な文化論を展開している。
著　書　『富士山はなぜフジサンか』『オーロラに駆けるサムライ』(山と渓谷社)、『日本山岳伝承の謎』『悪魔のため息』『うわじま物語』『御旗本物語』『ダライ・ラマの贈り物』(以上未來社)

「モリ」地名と金属伝承――続・日本山岳伝承の謎――

2000年9月5日　第1刷発行

定価（本体2200円＋税）

著者　谷　　有二
発行者　西　谷　能　英

発行所　株式会社　未　來　社
〒112-0002 東京都文京区小石川3-7-2
電話03-3814-5521(代)　振替00170-3-87385
http://www.miraisha.co.jp/
Email:info@miraisha.co.jp

印刷・製本＝図書印刷

ISBN4-624-20074-8 C0039

谷　有二著作

日本山岳伝承の謎　1800円

〔山名にさぐる朝鮮ルーツと金属文化〕日本の山の名にしばしば付けられる「マル」はいったい何を意味するのか。登山文化史の立場から日本と朝鮮の交流関係をうらづけた興味深い視点。

悪魔のため息　1500円

〔風流＝山岳ろーまんす〕〈やまごの会〉という山の同好会を主催し、ユニークな山岳文化史をひらく著者の、山の遭難をめぐる稀有な体験談をはじめ、スリリングな山のエピソード集成。

うわじま物語　1500円

〔大君の疑わしい友〕フランス公使ロッシュをして「大君の疑わしい友」と言わしめた藩主伊達宗城を中心に、幕末から明治期にかけて、絢爛多彩な宇和島人士たちが織りなす新歴史物語。

御旗本物語　1800円

〔日本史の意外な証言者たち〕戦国の末期から江戸にかけて、歴史のうら側で活躍した陰の主人公たち。記録のちょっとしたほころびから意外な史実を引き出して、アッといわせる谷史学。

ダライ・ラマの贈り物　1800円

〔東アジアの現場から〕旺盛な行動力で、インド亡命中のダライ・ラマとの会見を果たし、またチベット、中国東北部、北朝鮮を旅する著者が、東アジアでの同時代的な体験を生々とかたる。

＊表示価格には消費税は含まれていません。